빅팻캣의
# 세계에서 제일 간단한 영어책

Atsuko Mukoyama, Takahiko Mukoyama, Studio ET CETERA and Tetsuo Takashima

윌북

**BIG FAT CAT NO SEKAIICHI KANTAN NA EIGO NO HON**

Copyright © 2001 by Atsuko Mukoyama,
Takahiko Mukoyama, Studio ET CETERA
and Tetsuo Takashima
Korean translation copyright © 2008 by WillBook Publishing Co.
Korean translation rights arranged with GENTOSHA INC.
through Japan UNI Agency, Inc., Tokyo
and Korea Copyright Center, Inc., Seoul

이 책의 한국어판 저작권은 (주)한국저작권센터(KCC)를 통한 저작권자와의 독점 계약으로 윌북에 있습니다. 저작권법에 의해 한국 내에서 보호를 받는 저작물이므로 무단 전재와 무단 복제를 금합니다.

이번만은 잘될 거야!

**머리말**

# 이 책을 읽기 전에 알아야 할 진실

여러분, 안녕하세요?

저는 무코야마 아츠코라고 합니다. 일본 야마구치현 시모노세키시의 한 대학에서 영어를 가르치고 있지요. 지금까지 어림잡아 천 명이 넘는 학생들을 유학생으로 미국에 보냈습니다. 영어를 가르친 학생 수를 헤아려본다면 그 몇 배나 되지요.

지금은 광활한 세계로 젊은이들을 떠나보내는 입장이지만, 한때는 저도 미국 유학을 꿈꾸는 사람에 지나지 않았습니다. 이미 오래전 일이지요. 이 책을 읽는 독자 중 몇몇은 아직 태어나지도 않았던 시절이니까요.

1962년 1월 난생 처음 미국 땅을 밟은 후 저는 20년 가까이 미국에서 살았습니다. 그간 결혼하고 대학원에서 학위를 받고 두 아이를 낳아 기르면서 수많은 아르바이트를 거친 끝에 일자리를 얻었지요. 생활이 힘든 때도 있었고, 절망적인 상황을 맞기도 했습니다. 하지만 그때마다 고비를 잘 넘겨왔습니다.

애당초 저는 남다른 뜻이 있어서 유학을 결심한 것은 아니었어요. 그야말로 단순한 이유 때문이었지요. 먼저 유학을 떠난 지금의 남편과 결혼하고 싶다는 마음 하나로 미국행 비행기에 몸을 실었습니다. 당시에는 결혼이 목적이라면 미국에 갈 수 없었지만, 유학이 목적이라면 비교적 쉽게 체류를 허용해주었습니다.

아무리 어렸다지만 이러한 제 생각이 얼마나 안이했는지 얼마 안 가 뼈저리게 깨달았지요. 현지 공항에 도착하자마자 결혼 예복이 들어 있는 짐을 도둑맞았지만 말이 통하지 않는 탓에 도와달라는 말 한마디 못했어요. 그렇게 아무것도 모른 채 미국에서의 새로운 생활이 시작됐습니다. 기적적으로 짐은 돌아왔지만 생활비를 벌기 위해 아르바이트와 학업을 병행해야 하는 분주한 생활이 이어졌어요. 영어로 인사도 제대로 못하는데 피치 못하게 전화를 받아야 하는 난처한 상황도 있었고, 수업 시간에는 숙제의 내용은 고사하고 숙제를 내줬다는 사실조차 몰라 당황하기도 했지요. 매일 울면서 필사적으로 공부에 매달렸지만 웬일인지 영어는 늘지 않았습니다.

유학만 가면 영어쯤은 잘할 수 있으리라는 생각은 큰 착각입니다. 뇌가 유연한 아이들이라면 몰라도 이미 하나의 문화와 언어로 뇌가 굳어진 성인은 단순히 영어권 나라에서 생활한다고 해서 영어를 마스터할 수 있는 건 아니에요. 그 증거로 미국 이민 1세대는 반세기 넘도록 미국에서 살아왔지만 짧은 영어밖에 못하는 경우가 많답니다.

이렇게 영어 때문에 쩔쩔매고 있을 때 일본에서 무심코 가져온 한 권의 문법책이 절 구원해주었습니다. 일본에서 학원 강사로 일하며 영어를 가르쳤던 만큼 제게는 익숙한 내용이었지만 실제로 미국에서 살아 있는 영어를 경험한 후 다시 읽어보니 색다른 느낌으로 다가오더군요. 뿔뿔이 흩어져 있던 영어 지식에 체계가 잡히기 시작한 것이지요. '아, 바로 이 뜻이었구나!' 하고 감탄한 부분도 많았습니다. 아무리 골똘히 생각해봐도 좀처럼 풀리지 않던 의문이 단순한 문법 규칙을 확인하고 나면 명쾌하게 해결되곤 했습니다.

그때 비로소 성인이 되어서 외국어를 익히려면 어느 정도 문법 지식이 필요하다는 사실을 절감했습니다. 동시에 문법을 아무리 열심히 공부해도 활용할 수 없다면 무용지물이라는 사실도 깨달았지요.

시간이 흘러 영어로 읽고 쓰고 말할 수 있게 되자, 많은 미국인과 친구가 되어 가족처럼 친하게 지냈어요. 언어란 감정을 지닌 생명체로, 결코 책상 위에서 마스터할 수 있는 교과목이 아니라는 사실을 통감했지요. 후에 일본으로 돌아와 대학에서 교편을 잡게 된 저는 지금까지 '언어는 살아 있는 생명체'라는 생각을 바탕으로, 많은 학생들에게 '영어'와 '미국'이라는 나라에 대해서 가르치고 있답니다.

이 책을 집필하면서 영어와 함께 해온 반세기 동안의 경험을 바탕으로 영어를 필요로 하는 모든 이들에게 가장 효과적이었던 영어 학습법을 정리해보았습니다. 그동안 영문과 대학생들을 가르치면서 겪은 숱한 시행착오와 끊임없는 연구의 결과물이 지금 여러분이 손에 들고 있는 바로 이 책입니다.

이 책은 초급자부터 중급자까지를 대상으로 쓴 영어 학습서입니다. 단, 읽기 전에 주의할 점이 있습니다.

저는 기존의 학교 교육에서 배운 영문법과는 다른 방식으로 영어의 구조를 설명하려고 합니다. 따라서 기존의 영어 교육과 영문법에 익숙한 분이라면 적잖은 거부감을 느낄지도 모릅니다.

 기존의 학습법으로는 영어의 구조를 제대로 이해하지 못하겠다는 분들을 위해 되도록 간단하게, 그리고 최소한으로 문법을 정리했습니다. 방대한 영문법 중에서 핵심 요소만을 추려내는 데 중점을 두었지요. 따라서 예외적인 요소는 물론, 기초적인 내용일지라도 혼란을 초래할 만한 부분은 과감하게 생략하거나 다소 극단적으로 해석을 하기도 했습니다.

 이 책은 한 권만 읽으면 영어 정복이 가능하다고 장담하는 책이 아니라 영어의 세계에 첫발을 내딛고 영어를 실천하며 배우기 위한 '준비서'이기 때문입니다.

 현재의 문법 교육을 부정하는 책도 아니고 시험 대비용 참고서도 아닙니다. 다만 지금까지 배운 영어책과는 전혀 '다른' 책이지요. 문법에 갇힌 영어가 아니라 문법을 토대로 살아 있는 영어를 배울 수 있도록 새로운 방법과 형식을 모색하며 쓴 책입니다.

 이 책은 크게 4부로 구성되어 있습니다.

 준비 편은 프롤로그에 해당하는 부분으로 왜 일반적인 학교 교육으로는 실제로 영어를 활용할 수 있는 인재를 길러내지 못하는지 생각해보았습니다.

 연습 편에서는 본격적으로 영어의 구조를 설명합니다.

 실천 편에서는 연습 편에서 익힌 지식을 바탕으로 실제로 영어 문장을 읽어봅니다.

 마지막으로 응용 편에서는 실천 편을 마치고 나서 더욱 수준 높은 영어를 익히고 싶은 분들을 위해 다소 깊이 있는 문법 지식을 덧붙였습니다.
 영어 초보자라면 준비 편부터 차례대로 읽어나가기를 권합니다. 적어도 6장까지는 읽었으면 합니다. 설명이 그다지 어렵지는 않지만 조금이라도 이해하기 어려운 부분은 다음과 같은 표시를 해두었습니다.

 이 표시가 나타나면 내용이 조금 어려워지므로 주의를 기울여야 합니다. 하지만 아무리 읽어봐도 이해가 안 가는 경우, 이 표시가 붙은 부분은 건너뛰고 읽어도 의미를 파악하는 데는 전혀 지장이 없으니, 혼란스러워지기 전에 건너뛰고 읽어도 괜찮습니다. 두 번, 세 번 반복해서 읽을 때 다시 한 번 보기만 해도 충분합니다.
 8장은 다소 까다롭기 때문에 만일 내용이 어렵게 느껴진다면 '기본 응용 1, 2' 항목만 읽고 다음 장으로 넘어가도 상관없습니다. 이 부분도 마찬가지로 반복해서 읽을 때 다시 한 번 보는 것으로도 충분하거든요.
 부디 초조해하지 말고 자신에게 알맞은 속도로 꾸준히 한 페이지씩 확실하게 이해하고 넘어가기를 바랍니다.

영어를 익히려면 시간이 걸립니다.

'금방 잘할 수 있다'고 말하고 싶지만 그렇게 말하면 그건 거짓말입니다.

영어와 관련된 저의 모든 경험을 걸고 단언하건대, 한걸음씩 착실히 공부하는 방법 외에 왕도는 없습니다.

극적인 해결책이나 획기적인 지름길은 결코 없습니다.

저 자신도 온갖 방법을 시험해보았지만 결국 하나씩 하나씩 착실히 공부하는 방법이 가장 빠른 길이었습니다.

시간이 걸린다고는 했지만 몇 개월만 노력을 기울이면 조금씩 달라지기 시작합니다. 몇 년만 노력하면 꿈에 그리던 세계로 나아갈 수 있습니다. 그 기간을 길다고 느낄지 짧다고 느낄지는 여러분에게 달려 있습니다.

언어를 단기간에 습득할 수 있는 마법 같은 수단은 없습니다. 하지만 언어 자체는 마법입니다. 시간과 거리를 초월해 사람과 사람을 이어주는 인류 최대의 발명품이지요. 바로 지금 손을 뻗어 놀라운 마법의 세계를 경험해보세요.

분명 여러분의 인생이 달라질 것입니다.

무코야마 아츠코

# ... CONTENTS

**머리말** 이 책을 읽기 전에 알아야 할 진실 • 4

## 준비편
1장 준비 운동 • 12

## 연습편 1
2장 기본형 • 22
3장 부록 • 28
4장 상자와 화살표 • 33

## 연습편 2
5장 화장품과 화장문 • 42
6장 단락 • 47
7장 이퀄문 • 57
8장 기본형의 응용 • 63

## 실천편
9장 문장 읽기 • 78
10장 패러그래프 읽기 • 95
11장 이야기 읽기 • 110

## 응용편
12장 특별한 화장품 • 152
13장 접착제 • 158

**맺음말** 이 책을 읽고 난 다음에는 무엇을 하면 좋을까 • 176

일반적인 영어 학습서들로 공부하다 보면 처음 몇 페이지는 술술 넘어가다가도 중간에 흐름을 놓쳐버리는 경우가 종종 있습니다. 이렇게 되면 자칫 의욕을 상실하고 도중에 포기하기 십상이지요.

이 책에서는 중간에 흐름을 놓쳐버리는 경우를 대비해서 각 편의 도입부마다 학습자 스스로 현재의 상황을 판단하여 적절한 장으로 이동할 수 있도록 안내하는 지점을 마련해두었습니다.
**책을 읽어나가면서 반드시 참고해주세요!**

그리고 준비 운동에 해당하는 부분은 생략하고 곧장 학습에 들어가고 싶은 분은 준비 편은 건너뛰고
**바로 연습 편 1(21쪽)로 가도 좋습니다.**

# 1장 준비 운동

## 세계에서 제일 간단한 언어

'영어는 어려워!'

이렇게 생각하기 때문에 지금 이 책을 손에 들고 있을 것이다.

물론 영어는 쉽지 않다. 어떤 언어든 '쉽다'라고 할 만큼 단기간에 습득할 수 있는 언어는 존재하지 않는다. 다만 수많은 언어 중에서 **영어가 제일 간단한 언어라는 사실은 분명하다.**

영어가 어렵다면 세계 공용어로 이토록 널리 쓰일 수 있었을까. 그만큼 간단하기 때문에 전 세계에 널리 보급된 것이다.

이에 비해 우리말은 세계에서도 손꼽힐 만큼 어렵다고 한다. 한 단락은커녕 한 문장이라도 제대로 이해하려면 단어는 말할 것도 없고, 문법과 한자까지 암기해야 한다.

**어려운 말을 읽고 쓰고 말할 수 있는 언어 능력을 지닌 사람이라면 영어는 반드시 잘할 수 있다.**

10여 년이 넘도록 학생들에게 영어를 가르치면서 늘 이 사실을 강조해왔고, 실제로 많은 학생들이 내가 소개한 방법을 통해 영어를 자연스럽게 구사하게 되었다.

이 책을 읽고 있는 이상 이미 영어를 배우는 데 필요한 언어 능

력은 충분히 갖춘 셈이다. 그러니 이제는 학습 방법만 익히면 된다. 지금부터는 영어를 익히기 위한 방법을 차근차근 살펴보자.

## 사고하는 순서

앞에서도 말했듯 영어는 세상에서 제일 쉬운 언어다.
또한 가장 실용적이며 사용하기에 편리한 언어다.
영어 문장은 초보자가 쓴 글이어도 제법 읽을 만하지만 우리말을 사용해서 좋은 문장을 쓰려면 상당한 훈련이 필요하다.
우리말은 서술어가 마지막에 오면서, 다른 문장 성분들은 위치가 자유롭기 때문에 순서를 잘 생각하고 나서 써야 한다. 그러나 영어는 다르다. 영어는 중요한 순서에 따라 간단히 나열하기만 하면 된다. '누가', '했다', '무엇을', 이같은 순서로 나열하고 그 뒤에 장소나 시간 등 세밀한 설정을 생각나는 대로 덧붙이기만 하면 된다.
영어의 어순은 인간이 사고하는 순서와 동일하기 때문에 생각나는 대로 말해도 막히거나 문장 성분들의 순서가 어색해지지 않는다.
그렇다면 이렇게 간단한 영어를 배우기 위해 왜 우리는 골머리를 앓아야 하는 것일까? 세계 공용어로 쓰일 만큼 쉬운 언어라고 하는데 도대체 무엇이 문제일까?
그 이유는 바로 학습 방법 때문이다.

## 인풋Input과 아웃풋Output

 우리는 '영어'라는 하나의 언어를 문법, 회화, 리스닝, 장문 독해, 영문 번역 등 여러 분야로 나눠서 말하는 경향이 있다. 이는 전 세계를 통틀어 우리나라에서만 볼 수 있는 현상이다.

 곳곳에 '영어 회화' 학원이 넘쳐나고, 영어를 얼마나 단기간에 마스터할 수 있는지 앞다퉈 선전하고 있다. 하지만 이상하게도 나는 지금까지 이른바 유명 학원을 다녔더니 영어가 되었다는 사람을 좀처럼 본 적이 없다. 혹시나 해서 주변 사람들에게 물어보았지만 학원을 다닌 덕분에 영어를 잘하게 되었다는 사람은 만난 적이 없었다. 어딘가에 있을지는 모르지만 그 수가 많지는 않을 것이다.

 결국 영어는 영어일 뿐이다. **'회화'나 '리스닝'이라는 장르가 따로 있다고는 생각하지 않는다.** 감히 정의를 내리자면 영어를 배운다는 것은 영어를 '읽는' 것이다. 내 주변의 영어가 '되는' 사람들은 예외 없이 영어를 많이 읽는다. 그리고 기본적으로 문법 정도는 알고 있는 사람들이다.

 나도 젊은 시절 영어 교육을 받고 미국으로 건너갔지만, 미국 생활 초기에는 영어를 거의 하지 못했다. 그러나 매일같이 내주는 과제 때문에 울면서 어쩔 수 없이 한 손에는 사전을, 다른 한 손에는 영어 서적을 들고 몇 권을 읽어나가다 보니 자연스럽게 영어를 익히게 되었다.

 '읽는다'는 것은 영어를 자신 안에 축적하는 것이다. 컴퓨터 용어로 말하면 인풋Input을 하는 셈이다. 좋아하는 노래를 몇 번이고 듣다 보면 멜로디를 자연스럽게 익히게 되듯이 영어도 반복해서 읽다 보면 구문phrase과 어법 그리고 수많은 단어를 자연스럽게 익히게 된다. 기억했다는 자각도 없이 머릿속에 새겨지는 '무의식의 기억'인 셈이다.

이러한 '무의식의 기억'이 아니고서는 언어는 결코 몸에 배지 않는다. 의식적으로 떠올려야만 하는 기억은 인간이 생각하는 속도와 말하는 속도를 따라갈 수 없기 때문이다. 따라서 어떻게든 꾸준히 읽고 흡수하면서 '무의식의 기억'을 늘려가야 한다. 이 방법이 바로 최고의 영어 정복 비법이다. '읽기'만 꾸준히 하면 '듣기', '쓰기', '말하기'는 자연스럽게 익히게 된다. 마치 매일 듣던 노래의 멜로디가 어느 날 저절로 입에서 흘러나오는 것과 같다.

그 순간 의식적으로 '노래해야지'라고 생각하면서 노래를 불렀을까? 오히려 자신도 모르게 노래가 흘러나와서 처음으로 자신이 그 노래를 좋아하고 멜로디를 기억하고 있다는 사실을 깨닫고는 놀라지 않았던가.

다시 말해 꾸준히 흡수한 결과 그 양이 많아져 자연스럽게 '차고 넘치는' 현상인 것이다.

영어를 모국어로 하지 않는 사람들 중 영어를 마스터한 사람들 대부분이 어느 한순간 갑자기 안개가 걷히듯이 '아, 알겠다!'는 느낌이 왔다고 한다. 조금씩 알게 되는 것이 아니라 어느 순간 갑자기 지금까지 듣고 봐왔던 모든 것들의 체계가 잡히면서 전체 그림이 보였다는 것이다. 이 과정은 퍼즐 맞추기와 흡사하다. 완성된 그림을 모르는 상태에서 이쪽저쪽 조각을 맞추다 보면 어느 순간 '아, 이런 그림이구나!' 하고 전체 형상이 그려지고, 그 이후부터는 퍼즐 조각을 척척 맞추며 완성하는 것과 같은 이치다.

## 언어를 구사하는 방법

영어를 구사한다는 것은 머릿속에서 모국어로 말하고 싶은 문장을 만든 다음, 문법 규칙에 따라 모국어의 단어를 하나씩 영어로 바꾸는 것이 아니다. 영어로 말할 수 있는 사람 중에 이런 식으로 말하는 사람은 없다.

영어를 구사한다는 것은 어떤 생각이 떠오르면 그 생각을 표현할 수 있는 구문과 어법에 가장 가까운 문장을 머릿속에 저장된 수많은 영어 예문 중에서 골라 필요에 따라 조금씩 변경해서 읽는 것이다.

모국어를 구사하는 것은 마치 숨을 쉬듯이 자연스러운 행위다. 말을 할 때나 글을 쓸 때 백지 상태에서 문장을 만들어내는 경우는 없다. 잘 생각해보면 어디선가 듣고 본 문장 중에서 마음에 들었던 표현을 골라서 사용하고 있다는 사실을 깨닫게 될 것이다.

마찬가지로 영어도 하나의 언어이기 때문에 모국어를 익힐 때와 다르지 않다. 그러므로 영어 익히기의 첫걸음은 '차고 넘치도록 영어 문장을 축적하는 것'이다.


## 유일한 학습법

**영어는 무엇보다 '읽기'가 중요하다.**

아무리 읽기가 중요하다고 해도, 읽기만 해서는 듣기나 말하기는 어렵지 않을까 걱정스러울 것이다. 그러나 영어가 들리지 않는 이유는 발음을 모르기 때문도 아니고 상대방이 말하는 속도가 너무 빠르기 때문도 아니다.

상대방이 말하는 문장을 본 적이 없기 때문이다.

자신 안에 그 문장이 축적되지 않은 것이다.

알아듣기 어려운 록 가수의 노래도 가사를 보면서 들으면 의외로 귀에 쏙쏙 들어온다. 그리고 일단 가사가 들리면 그 밖의 소리는 희미해져버린다. 즉 영어를 읽는다는 것은 그와 같은 만능의 가사집을 가지고 있는 것과 같다.

이러한 원리를 생각해보면 우리의 영어 교육은 참으로 이해하기 어렵다.

중학교, 고등학교에서 6년간 영어를 배우면서 단 한 권의 영어 책도 끝까지 읽어본 적이 없는 학생들이 태반이다. 극단적인 예를 들자면 대학 4년간, 심지어 영문과 4년을 다니면서도 영어 원서를 한 권도 끝까지 읽지 못하는 경우도 있다.

참으로 이상한 일이다. 영어의 문법 규칙만 기억하는 것은 마치 야구 규칙만 외우면 야구를 잘할 수 있으리라고 여기는 것과 같다.

아이에게 야구를 가르칠 때를 생각해보자.

야구를 한 번도 해보지 않은 아이에게 볼과 배트와 글로브를 건네주면서 '자, 야구 해봐' 하고 말하는 것은 터무니없는 일이다. 그렇다고 해서 볼을 던져본 적도 없는 아이에게 '인필드 플라이(Infield fly, 노아웃 또는 원아웃 상태에서 주자가 1루와 2루 또는 만루에 있을 때, 타자가 친 공이 내야 지역에 높이 뜨는 것: 옮긴이)의 처리'나 '그라운드 룰 더블(Ground rule double, 심판의 재량에 따라 경기 별도의 규칙에 의해서 2루타로 기록이 되는 타구: 옮긴이) 판단 기준' 등을 설명해주는 것도 소용없는 일이다.

제대로 된 지도자라면 아이에게 우선 배트 잡는 법과 볼 던지는 법과 잡는 법, '배트로 볼을 쳤으면 1루로 달린다'와 같은 기초적인 규칙을 가르쳐줄 것이다. 그리고 다른 규칙들은 실제로 야구를 할 때 적절히 조언하면서 설명해줄 것이다.

야구뿐 아니라 다른 스포츠도 대부분 이와 같은 방식으로 가르칠 것이다. 아니, 세상의 모든 일은 이런 식으로 배워야 한다. 물론 영어도 예외가 아니다. 그런데도 우리의 영어 교육 현실은 '읽기'를 '실천'해본 적 없는 학생들이 영어를 잘하는 인재가 되기를 기대한다.

솔직히 말해 영어를 구사하는 데 세세한 문법이 필수 요소는 아니다.

그러나 영어책을 처음 읽을 때 문법 지식이 전혀 없으면 문제가 된다. 이는 야구 장비만 건네주고는 '자, 야구 해봐'라고 말하는 것과 같다. 야구를 처음 배울 때처럼 '배트 잡는 법'과 '볼 던지는 법'에 해당하는 기초 지식 정도는 영어에서도 필요하다.

문장 어디에 주목하고 어디가 중요하며 어디가 부록인지를 구분할 수 있을 정도의 지식이 있다면 당연히 실력이 빨리 늘 것이다. 이 정도의 지식은 문법이나 어법이라기보다는 '요령'이라고 하는 편이 좋겠다.

사실 영어를 배우는 데 정말 필요한 '문법'은 간단하다. 영어 원서를 읽기 시작할 때 반드시 알아야 할 '기본 중의 기본'만 알면 충분하다. 사전만큼 두꺼운 교본이나 끝없이 이어지는 단어장은 필요하지 않다.

그 다음에는 그저 꾸준히 읽어나가기만 하면 된다. 그 밖의 영역은 자연스럽게 터득하게 될 것이다.

영어가 모국어인 사람들은 모두 이러한 방법으로 영어를 익혔다. 우리도 같은 방식으로 우리의 모국어를 익혔다. 이것이 언어를 익히는 유일한 방법이며 이외에 다른 최선은 없다고 믿는다.

## 최소로 필요한 준비 운동

이 책은 '영어 원서를 스스로 골라서 읽기 시작할 때'까지 길잡이가 되어주는 책이다. 이 책을 읽었다고 해서 바로 영어를 잘할 수 있는 것은 아니다.

그런 까닭에 두께가 얇다. 영어 원서를 읽기 위한 준비서로 이 정도면 충분하기 때문이다.

갑자기 영어로 작문을 하거나 어려운 문제를 풀려고 하는 것이 아니므로 암기는 '조금만' 해도 충분하다. 우리말을 쓸 때도 정확한 어법에 맞춰 쓰기는 어렵지만, 그저 읽기만 하는 것은 간단하다. 어떤 언어든 읽기가 언어를 익히는 첫걸음이다.

어떤 동사가 규칙동사이고 어떤 동사가 불규칙동사인지, **lie**의 과거분사가 무엇인지 등의 세세한 부분은 외우지 않아도 좋다.

최소로 필요한 문법 지식은 영어 문장의 주된 형태와 어떤 순서로 단어가 나열되는지 정도다. 그러니 '영문법'을 두려워하지 않아도 된다. 지금 바로 이 책을 대강 훑어보길 바란다. 한눈에 봐도 그다지 어려운 책은 아니라는 사실을 짐작할 수 있을 것이다.

하지만 여전히 문법에 대한 두려움을 느끼는 분들이 있을지도 모른다.

그러나 두려움의 실체는 문법이 아니라 '문법 용어'가 아닐까.

문법이란 예를 들면 '이야기의 주인공은 문장의 첫머리에 온다'와 같은 규칙일 뿐이다. 문법에 따라 주인공을 '주어'라고 부르고 문장 중에 쓰인 단어나 어구를 '명사'나 '명사절'이라고 부르는데 이러한 명칭이 바로 '문법 용어'다. '문법 용어'는 누구에게나 골칫거리고 나 또한 좋아하지 않는다.

그러니 약속할 수 있다. 다음 장부터는 '문법 용어'는 일절 쓰지 않았으니 부디 안심하길 바란다. 1장 이후부터는 어느 곳을 펼쳐 봐도 '주어가 3인칭 단수에 시제가 현재형일 경우, 동사 원형에 **s**를 붙인다'와 같은 문장을 찾아볼 수 없다. 이 책을 다 읽고 나면 '3인칭 단수'와 같은 문법 용어가 그리워질지도 모를 일이다.

그럼 영어를 '읽기' 위해서 우선 다음 장으로 가자.

### 1장의 요점

- 영어를 배우는 유일한 방법은 바로 '읽기'다.
- '기본 중의 기본에 해당하는 규칙'만 알면 영어 원서를 읽을 수 있다.

# 연습 편 1

도무지 문법은 모르겠다는 분은
**이대로 페이지를 넘기세요.**

문법은 그럭저럭 자신 있으니
바로 실전에 들어가고 싶은 분은
**9장(78쪽)으로 넘어가세요.**

문법이라면 자신 있다는 분은
**12장(152쪽)으로 넘어가도 좋습니다.**

# 기본형

영어의 기본 구조는 단 하나의 그림으로 설명할 수 있다.

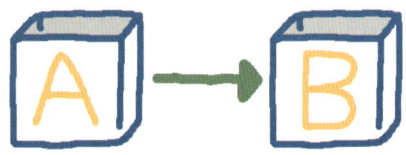

**A**와 **B**라는 두 개의 상자와 그 사이를 이어주는 오른쪽 화살표. '**A**가 **B**를 대상으로 어떤 행위를 한다'는 형식의 문장이다. 영어 문장의 70~80퍼센트가 이런 형식이다. 아무리 긴 문장도, 아무리 복잡한 문장도 결국 이 형식의 변형에 불과하다.
이 책에서는 이 그림을 일컬어 '기본형'이라고 부르기로 한다.

## A 상자

우선 위 그림의 왼쪽 **A**상자에 주목하자.
**A**는 '주인공 상자'다.
문장의 주체가 되는 부분이 들어가는 가장 중요한 상자다. 이해하기 쉽도록 **A**상자는 빨간색으로 칠해두자.

A 상자에 들어가는 것, 즉 '주인공'의 예를 들어보자.

## The cat scratched Ed.
(고양이가 에드를 할퀴었다.)

A 상자에 들어가는 주인공은 당연히 'The cat(고양이)'이다.

고양이를 상자에 넣어보자.
그래그래, 착하지.

A 상자에 들어가는 것들은 '사람', '동물', '사물', '생각' 등이다.
이 내용은 아직 염두에 두지 않아도 상관없다.
일단 A상자는 '주인공'이 들어가는 상자라는 사실만 명심해두자.

## B 상자

A가 '주인공'이라면 B는 '조연'이다.
B 상자는 주인공 상자와 헷갈리지 않도록
파란색으로 칠해두었다.

'조연 상자 B'에는 주인공이 하는 행동을 받아주는 상대방이 들어간다. 예를 들어 A 상자에 '고양이'가 들어간다면 B 상자에는 사람을 넣어볼까. 그래, 파이 가게 주인 에드를 넣어보자.

주인공이 들어가는 A 상자와 마찬가지로 '조연 상자 B'에 들어가는 것들도 '사람', '동물', '사물', '생각' 등이다.
이제 주인공 상자에는 고양이가, 조연 상자에는 에드가 들어갔다. 그리고 주인공 상자에서 조연 상자 쪽으로 화살표가 이어져 있다. 이 화살표는 고양이가 에드를 대상으로 어떤 행위를 했다는 의미다.
예컨대 할퀴었다고 하자. 바로 이런 상황이다.

이 그림에서 화살표는 '**scratched**(할퀴었다)'에 해당한다.
이것이 영어 문장에서 가장 기본이 되는 형태다.

> 1. 우선 문장의 주인공이 '누구'인지(사물이라면 '무엇'인지) 결정하고,
>    주인공을 A 상자에 넣는다.
> 2. 주인공이 한 행위, 즉 어떤 행동을 했는지 생각한다.
> 3. '누구' 혹은 '무엇'을 대상으로 그 행위를 했는지 결정하고,
>    B 상자에 넣는다.

이로써 영어 문장이 완성되었다.

또 하나 예를 들어보자.
**A**상자에 또 고양이를 넣어보자.

그리고 **B**상자에는 '커튼'을 넣어보자.

화살표는 어떤 행위에 해당할까? 고양이는 커튼에 어떤 행동을 했을까?

생각한 그대로다. 고양이는 커튼을 보면 할퀴지 않고는 못 배긴다.
이 문장을 영어로 옮기면 다음과 같다.

(고양이가 커튼을 할퀴었다.)

A 상자에 해당하는 부분을 빨간색, B 상자에 해당하는 부분을 파란색, 화살표에 해당하는 부분을 초록색으로 각각 칠해두었다.
그런 다음에 A 상자에 에드를 넣고 B 상자에 고양이를 넣어보자.

그러고 보니 아까 고양이가 할퀸 커튼은 에드의 파이 가게에 있던 건가 보다.
화가 난 에드는 고양이를 뒤쫓았다.

이 문장을 영어로 옮기면 아래와 같다.

**Ed chased the cat .**

(에드는 고양이를 뒤쫓았다.)

어떤가? 영어의 기본 구조는 간단하다.

영어는 두 명의 배우가 연기하는 연극과 같다. **주인공은 반드시 왼쪽 A상자에 들어가고, 조연인 B는 항상 A가 하는 행동의 대상이 된다.** 이 관계는 매우 특수한 경우를 제외하고 잘 바뀌지 않는다. **화살표는 반드시 오른쪽 방향이라는 것을 염두에 두자.**

### 2장의 요점

- 영어 문장의 기본형은 **A→B**다.
- 화살표는 반드시 오른쪽 방향이다.
- 주인공, 조연, 화살표는 기본적으로 한 문장에 하나씩만 있다.

# 3장

## 부록

2장에서 설명한 대로 영어 문장의 기본형은 주인공과 조연, 그리고 주인공이 조연을 대상으로 어떤 행동을 했는가 하는 화살표로 구성되어 있다.

**A→B**만으로도 말하고 싶은 내용은 충분히 전달된다.

그러나 세세한 상황은 알 수 없다. 마치 어두컴컴한 무대에 오른 두 명의 배우에게만 스포트라이트가 비춰진 상황과 비슷하다. 앞에서 예로 든 **The cat scratched Ed.**라는 문장도 고양이가 에드를 할퀴었다는 사실은 알 수 있지만 언제, 어디서, 어떻게 할퀴었는지는 알 수 없다.

이런 세세한 정보를 전달하려면 어떻게 해야 할까? 간단하다. 중요한 순서대로 문장 끝부분에 덧붙이기만 하면 된다! 어순을 고민할 필요가 없다는 점이 영어의 우수한 특징이다.

### 부록을 덧붙여본다

실제로 문장을 만들어볼까. **The cat scratched Ed.**에 좀 더 상세한 설명을 덧붙여보자.

- 언제 : **yesterday morning**(어제 아침)
- 어디서 : **in the kitchen**(부엌에서)
- 어떻게 : **again**(또)

아무래도 고양이가 또 에드를 할퀸 모양이다.
순서에는 신경 쓰지 말고 이 내용을 문장 끝부분에 덧붙여보자.

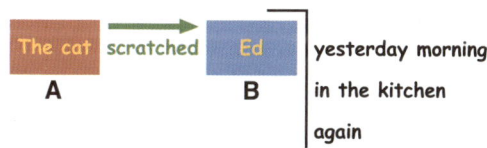

다음에는 이 정보들을 나열하기만 하면 된다. 정해진 규칙은 없지만 이해하기 쉬우면서도 매끄러운 문장이 되도록 해주는 기본 요령은 있다. 즉 중요한 순서대로 나열하면 된다. 이 문장에서는 **again**이 중요하므로 **again**을 앞으로 끌어오자. 물론 **in the kitchen**이나 **yesterday morning**을 앞에 써도 문제는 없다(일반적으로 '장소'나 '시간'보다는 '어떻게'에 해당하는 항목을 중시 여긴다. 관례라고 생각하면 된다).

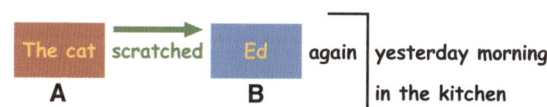

**again** 다음에 장소, 마지막에 시간을 나열해보자. 이제 훌륭한 영어 문장이 완성되었다.

영어는 우선 기본형에 해당하는 문장을 먼저 쓰고, 그 뒤에 상세한 정보를 덧붙이기만 하면 문장이 완성된다.

무엇보다 상세한 정보를 아무리 많이 덧붙여도 핵심은 '기본형' 문장이라는 사실에 유의하자. 문장에서 가장 중요한 부분은 '주인공이 누구(혹은 무엇)이고 조연이 누구(혹은 무엇)이며 주인공이 조연에게 어떤 행위를 했는가'이다. 이외의 부분은 없어도 상관없다. 이 사실은 영어 문장을 이해하는 데 매우 중요한 사항이다.

아무리 긴 문장이라도 주인공, 조연, 화살표만 파악이 된다면 나머지는 흘려들어도 큰 문제가 없다는 의미다.

**즉 문장의 핵심은 상자 안의 내용물로, 상자 밖으로 흘러나온 부분은 양이 아무리 많아도 그저 '부록'일 뿐이다.**

앞으로 끝부분에 덧붙이는 세세한 정보는 모두 '부록'으로 지칭해서 설명하고자 한다.

그럼 부록에는 어떠한 종류가 있을까?

## '시간', '장소', '어떻게'

부록 중 가장 많이 등장하는 것이 '시간'과 '장소'다. '시간'과 '장소'에 관련되지 않은 문장은 거의 없으므로 가장 많을 수밖에 없다. 그다음으로 많은 부록이 '어떻게'이다. 화살표에 해당하는 동작을 구체적으로 '어떻게' 했는지 보충해주는 부록이다.

화살표에 해당하는 행위가 '할퀴었다'라면 '어떻게' 할퀴었는지를 설명해준다. 예를 들면 '재빨리(할퀴었다)'라든가 '두 번(할퀴었다)' 등 주인공의 '행위'를 구체적으로 설명하고 보충해주는 역할을 한다. 그럼 정리해보자. 부록의 종류는 다음 세 가지다.

시간(언제)　　　장소(어디서)　　　어떻게

이러한 부록은 모두 화살표에 해당하는 행위를 자세히 설명해준다. 화살표가 '할퀴었다'는 동작이었다면 '언제 할퀴었다'나 '어디서 할퀴었다' 또는 '어떻게 할퀴었다'를 나타낸다.
**이렇듯 부록은 항상 화살표와 밀접한 관련이 있다.**
앞에서 나온 예문 **The cat scratched Ed again in the kitchen yesterday morning.** 에서 **again**은 '어떻게', **in the kitchen**은 '장소', **yesterday morning**은 '시간'을 나타낸다. 이들 부록은 모두 화살표에 해당하는 행위가 어떻게, 어디서, 언제 일어났는지 설명해준다.

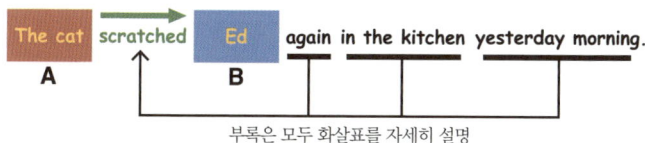

부록은 모두 화살표를 자세히 설명

이상으로 부록에 대한 설명은 끝이다.

마지막으로 부록은 기본형의 뒤에만 붙는 것이 아니라 앞부분에도 덧붙일 수 있다는 사실을 알아두길 바란다. 앞에서 나온 예문에서 부록의 하나인 **yesterday morning**을 문장의 앞부분에 붙이면 아래와 같다.

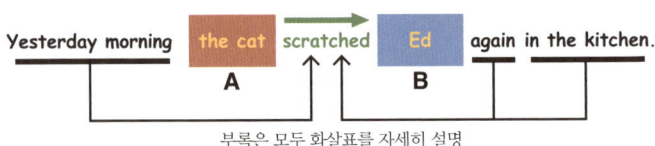

부록은 모두 화살표를 자세히 설명

이해를 돕거나 부록 중 하나를 특히 강조할 때 부록을 문장의 앞부분에 붙이기도 하지만, 기본적으로 부록은 끝부분에 붙인다는 사실을 염두에 두자. 앞부분에 나오는 경우는 주로 '시간'에 관계되는 부록일 때가 많다.

### 3장의 요점

- 기본형의 앞뒤에는 얼마든지 부록이 붙을 수 있다.
- 부록은 '시간(화살표가 언제 일어났는지)', '장소(화살표가 어디서 일어났는지)', '어떻게(화살표를 어떻게 했는지)'의 세 종류가 있다.
- 부록은 모두 화살표와 밀접한 관계가 있다.

# 4장 상자와 화살표

영어 문장의 대략적인 구조가 머릿속에 그려진다면 이제 좀 더 자세히 살펴보자. 두 개의 상자와 화살표에는 구체적으로 어떤 단어가 들어갈까?

## 화살표의 내용물

우선 화살표부터 살펴보자.
화살표는 모양 자체가 방향을 나타내는 만큼 동작을 의미하는 단어임을 알 수 있다.
예를 들면 '달리다', '던지다', '뛰어오르다', '건네다' 등과 같이 간단한 동작부터 '생각하다', '사랑하다', '꿈꾸다' 등과 같이 눈에 보이지 않는 감정, '번창하다', '이전하다', '변화하다' 등과 같은 상태의 변화까지 포함한다.
'백문이 불여일견'이라는 말도 있으니, 실제로 화살표에 해당하는 단어의 예를 들어보자.

swim　　　walk　　　slip

eat　　　read　　　talk　　　sleep

## 배우와 화장품

그럼 어떤 단어가 주연이나 조연이 될까?
앞에서도 간단히 언급했지만 주로 '사람', '동물', '사물', '생각' 등 이름이 있는 모든 존재는 주인공이나 조연이 될 수 있다. 다시 말해 '-가/-이'를 붙였을 때 말이 되는 단어는 모두 주인공과 조연이 될 수 있다(예: '에드가', '도서관이', '고양이가', '날씨가').
주인공이나 조연이 되는 각종 단어들을 나열해보자.

cat　　　　　Ed

**courage**      **child**      **children**

**ghost**      **midnight**      **evil**

**dream**      **library**      **weather**

이렇게 주인공이나 조연이 될 수 있는 단어를 통틀어 앞으로는 '배우'라고 부르기로 하자.

단 '배우'는 그냥 상자에 들어가지 않고 대개 화장을 하고 들어간다. 이 '화장품'에 해당하는 단어는 배우가 '어떤' 캐릭터인지 자세히 설명해주는 역할을 한다. '아름다운 ○○', '지저분한 ○○', '멋있는 ○○', '우아한 ○○', '위험한 ○○', '못된 ○○' 등 주로 '-ㄴ' 받침으로 끝나는 단어가 '화장품'이 된다. 그럼 이번에도 실제로 '화장품'이 되는 단어의 예를 들어보자.

**big**　　　　**small**　　　**interesting**

**fast**　　　　**strong**　　　**warm**

'부록'이 화살표를 자세히 설명해주는 것과 마찬가지로 '화장품'은 배우가 어떤 캐릭터인지 자세히 설명해주는 역할을 한다.

🚩주의! 매우 특별한 화장품으로 **a**와 **the**라는 두 단어가 있다. 이들 '특별한 화장품'에 대해서는 12장에서 자세히 다루고 있으니 참고하길 바란다. 지금은 일단 **a**와 **the**도 화장품의 하나라는 사실만 기억해두자.

배우는 이러한 화장품을 많이 바르고 두 개의 상자에 들어간다. 이 부분을 좀 더 자세히 설명하기 위해 낯익은 배우 '고양이'를 다시 불러보자.

이 '**cat**(고양이)'에게 '**big**(큰)'과 '**fat**(뚱뚱한)'이란 두 가지 화장품을 붙여보자. 그럼 다음과 같이 된다.

**cat**

**big fat cat**

'배우'와 '화장품'은 한 덩어리가 되어 각각의 상자에 들어간다.

화장품은 대부분 배우 앞에 붙는다. 즉 '**big fat cat**'이나 '**fat big cat**'이 된다. 따라서 '**cat fat big**'과 같은 순서는 될 수 없다.

배우 뒤에 붙는 설명은 '화장문'이라고 해서, 완전한 문장이나 문장의 일부가 통째로 '화장품'으로 쓰인 형태이다. 다음 장에서는 '화장문'을 자세히 살펴보기로 하자.

### 4장의 요점

- 화살표는 동작을 나타낸다.
- 배우와 화장품은 한 덩어리가 되어 각각 **A** 상자와 **B** 상자에 들어간다.
- 화장품은 대부분 배우 앞에 붙는다.
- 화장품은 여러 개를 덧붙일 수도 있다(예: big+fat+cat).

# 영어 선생님이 자주 받는 질문들

**Q** 영어를 가장 빠르게 터득할 수 있는 방법은 무엇일까요?

**A** 가장 빠르고 확실하면서 동시에 '유일한' 영어 학습법은 바로 영어책을 읽는 것입니다. 안타깝게도 그 외의 방법은 없습니다. 일주일 정도로는 성과를 기대할 수 없지만 몇 개월 이상 지속하면 놀랄 만큼 영어 실력이 향상될 겁니다.

**Q** 영어 회화 학원에 다니면 어떨까요?

**A** 영어 회화 학원에서 가르치는 영어에는 한계가 있습니다. 영어 학원에서는 대부분 정해진 구문과 문장을 기계적으로 암기하도록 합니다. 다시 말해 간단한 영어 각본을 외우는 것과 같습니다. 본격적인 커뮤니케이션은 무리겠지만, 해외여행할 때 쇼핑하는 정도라면 도움이 될 수도 있겠지요. 하지만 비싼 수강료를 생각하면 별로 권하고 싶지 않군요. 영어를 진심으로 배우고 싶다면 수강료를 지불하기보다는 자신이 좋아하는 책을 사서 꼭 끝까지 읽어보셨으면 해요.

**Q** 미국에 유학 가면 누구나 영어를 잘할 수 있을까요?

**A** 흔히들 그렇게 착각하는데, 어느 곳에 있든 열심히 공부하는

학생만이 영어를 잘할 수 있습니다. 우리나라에서 영어를 착실히 공부한 학생은 미국에 유학 가면 영어 실력이 빠르게 향상되지만, 영어를 게을리한 학생은 미국에 가서도 마찬가지입니다.

### Q 단어를 얼마나 외워야 할까요?

A 단어를 '외울' 필요는 없습니다. 억지로 '외운' 단어는 실제로 대화를 나눌 때 아무런 소용이 없습니다. 책을 읽으면서 자연스럽게 머릿속에 남은 단어만이 입에 붙습니다.

### Q 영어책을 몇 권 읽어야 영어를 잘할 수 있을까요?

A 입이 벌어질 만큼 영어책을 많이 읽으면 영어 실력도 입이 벌어질 만큼 향상됩니다. 웬만큼 영어책을 읽으면 영어 실력도 웬만큼 향상되고요. 하지만 단 한 권이라도 끝까지 읽어낸다면 이전과는 확연히 달라질 겁니다!

### Q 모르는 단어가 나오면 어떻게 해야 하나요?

A 기본적으로 원서를 읽을 때는 사전을 찾지 마세요. 그래도 모르는 단어 때문에 왠지 불안하다면 다음과 같은 세 가지 방법을 권합니다.

① 책을 두 번째 읽을 때 모르는 단어를 찾아본다. ② 모르는 단어만 미리 찾아 뜻을 달아놓고 읽기를 시작한다. ③ 번역서가 있는 경우, 미리 읽어 스토리를 파악한 후 영어로 읽는다.

가능한 첫 번째 방법을 권하고 싶습니다. 그러나 이와 같은 방법으로 독서를 했는데도 여전히 의미 파악이 어렵다면 좀 더 쉬운 책에 도전하세요.

# 연습편 2

'이미 머리가 터질 것 같다'는 분은
일단 하루 푹 쉬고
**다시 2장(22쪽)으로 돌아가 천천히 다시 읽어보세요.**

새롭게 배운 내용을 시험해보고 싶은 분은
**9장(78쪽)으로 가세요.**

'이거 쉬운데?'라는 생각이 드는 분은
**망설이지 말고 다음 페이지로 넘어가세요.**

# 화장품과 화장문

이번 장의 앞부분은 지금까지 설명한 내용보다 다소 어려워진다. 왜냐하면 지금부터 다루는 '화장문'은 초보자가 영어를 배울 때 가장 어렵게 느끼는 부분이기 때문이다. 반대로 '화장문'을 이해할 수만 있다면 초보 단계는 넘어섰다고 생각해도 좋다.
마음의 준비가 되었는지? 그럼 시작해보자.

### 엑스트라가 바글바글

 지금까지는 배우 앞에 붙는 '화장품'을 소개했지만, 사실은 배우 뒤에 '화장문'이 붙는 경우도 있다.
'화장품'은 원칙적으로 하나의 단어를 나타낸다. 예를 들면 '귀엽다', '친절하다'와 같은 단어다. 그러나 한 단어만으로는 설명이 불가능한 경우가 있다. 예를 들어 '추한 웃음을 지었다'라는 설명은 한 단어로 나타낼 수가 없다. 설명을 더해야 할 경우 배우 뒤에 단어 단위가 아니라 완전한 문장, 혹은 구문을 덧붙여야 한다. 이렇게 배우 뒤에 붙는 문장 혹은 구문이 '화장문'이다. 즉 문장 안에 또 하나의 문장이 들어 있는 셈이다. 게다가 각 상자 속에

'화장문'을 얼마든지 덧붙일 수 있으므로 하나의 문장에 화장문이 여러 개 붙는 경우도 있다. 그림으로 표현하면 이런 느낌이다.

빨간색 단어: '주인공' / 파란색 단어: '조연' / 노란색 단어: '엑스트라'

하나의 문장에는 기본적으로 주인공, 조연, 화살표가 하나씩만 들어 있으므로, 화장문에 나오는 주인공, 조연, 화살표와 진짜 주인공, 조연, 화살표를 구분하지 못하면 문맥을 이해할 수 없다. 따라서 **앞뒤 문맥을 살펴서 진짜 주인공, 조연, 화살표가 무엇인지 파악하는 것이 중요하다.**

**이 '화장문'에 나오는 배우는 결코 진짜 주연이나 조연이 될 수 없는 '엑스트라'다.** 기본적으로 진짜 주연과 조연은 단 하나씩이다. 반면 화장문에 나오는 주연과 조연은 그 수에 제한이 없다. 어찌 됐든 엑스트라니까.

### 문장의 무게

그런데 배우라도 **the** 정도만 화장품을 쓰는 경우가 있는가 하면 화장품을 덕지덕지 바르는 경우도 있다.

화장품을 많이 바르는 배우가 영어 문장의 이해를 어렵게 하는 원인처럼 보이지만 냉정하게 살펴보면 화장품을 많이 바르는 배우나 화장을 거의 하지 않는 배우나 별반 다르지 않다는 사실을 깨닫게 될 것이다.

예를 들어 (1) **The cat ate the pie.**(고양이가 파이를 먹었다.)라는 문장이 있다고 하자. 이 정도 길이의 문장이라면 그다지 놀라지 않는 사람도, (2) **The big fat cat with the ugly grin ate the blueberry pie that Ed baked.**라는 긴 문장을 보면 순간적으로 당황한다. 하지만 당황할 필요 없다. 어떤 문장이든 '기본형'의 한 종류에 지나지 않기 때문이다. (1)번 문장이 어떻게 해서 (2)번 문장이 되는지 차근차근 따라가보자.

우선 '기본형' 그림을 한 번 더 떠올려보자.

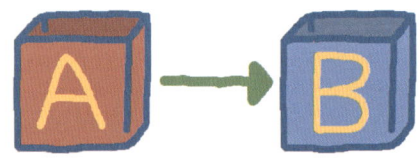

잠시 이 상자의 내용물을 저울에 올려보자. 예를 들어 **The cat ate the pie.**와 같은 간단한 문장을 저울에 올리면 다음과 같다.

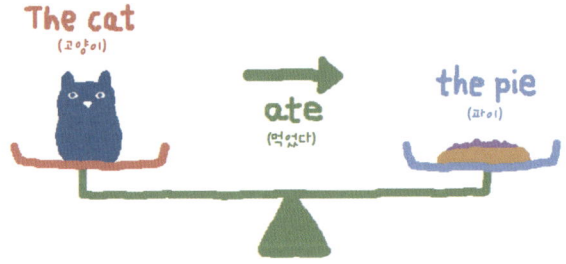

각각의 접시에 올라가 있는 단어가 적을 경우에는 이해하기 쉽지만, 여러 단어들이 한 덩어리가 되어 접시에 올라가면 갑자기 어

렵게 느껴진다. 실제로 여러 단어들을 저울에 올려보자.

### The big fat cat ate the pie.

(크고 뚱뚱한 고양이가 파이를 먹었다.)

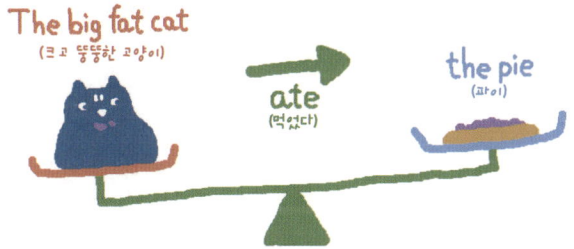

이 정도 길이는 괜찮은가? 그럼 **cat** 뒤에도 화장문을 붙여보자.

### The big fat cat with the ugly grin ate the pie.

(크고 뚱뚱하며 추한 웃음을 띤 고양이가 파이를 먹었다.)

앞 문장에 비해 확실히 어려워졌지만, 처음 형태를 기억하고 있다면 기본형과 다르지 않다는 사실을 금방 알 수 있다. **cat**에 '어떤 고양이인가' 하는 설명이 붙었을 뿐이다.

이번에는 조연에도 화장을 해보자.

**The big fat cat with the ugly grin ate
the blueberry pie that Ed baked.**

(크고 뚱뚱하며 추한 웃음을 띤 고양이가
에드가 구운 블루베리 파이를 먹었다.)

훨씬 영어다운 문장이 되었다. 갑자기 긴 문장을 보면 주눅이 들 것이다. 하지만 어느 부분이 화장문인지만 이해한다면 이렇게 긴 문장도 '기본형'에 해당한다는 사실을 알 수 있다.

**영어 문장에서 두 개의 상자 안에 담긴 내용물을 제대로 파악할 수만 있으면 전체적인 문맥은 금방 눈에 들어온다.** 익숙해질 때까지 영어 문장을 단락별로 자르고 상자와 화살표로 대응시켜보자. 이 방법은 영어책을 읽는 첫 번째 열쇠가 될 것이다.

> **5장의 요점**
>
> ● 배우 앞에는 화장품이, 뒤에는 화장문이 얼마든지 붙을 수 있다.

# 6장 단락

자, 이제 영어 문장의 기본형과 그에 해당하는 문장이 무엇인지 알았다. 다음은 영어 문장에서 한 단락이 어디에서 어디까지인지 알아보자. 단락만 제대로 이해할 수 있다면 기본형은 끝이다. 영어 문장의 구조를 알고 있다 해도 실제 문장에서 단락을 자르는 위치를 알지 못한다면 아무 소용이 없다.

### 발음과 단락

문장을 잘라야 할 위치를 파악하느냐 못하느냐는 영어를 마스터하는 데 가장 중요한 항목 중 하나이다.
**우리가 말하는 영어를 영어권 사람들이 못 알아듣는 이유는 발음이 나빠서가 아니라, 문장을 자르는 위치, 즉 호흡을 끊는 위치가 잘못되었기 때문이다.**
실제로 미국으로 이주해온 아시아계, 아프리카계 미국인의 영어 발음은 우리와 큰 차이가 없는데도 영어권 사람들은 그들의 영어를 잘 알아듣는다. 발음 자체는 매우 특이하지만 문장을 자르는 위치가 정확하기 때문에 쉽게 알아들을 수 있는 것이다.

예를 들어 **The book is** on the table.이라는 문장을 원래 호흡을 끊어야 할 위치에서 자르면 다음과 같다.

도중에 ⋮부분에서 말을 멈추고 잠시 침묵한다 해도 부자연스럽지 않고 오히려 말투가 개성적이라거나 문장을 강조하고 있다고 생각할 것이다. 반대로 ⋮이 들어간 부분 외에는 절대로 말을 멈춰서는 안 된다.
예를 들어 아래와 같이 문장을 자르면 알아듣기 어려울 뿐 아니라 듣는 사람도 매우 어색한 영어가 되어버린다.

실제로 소리 내어 ⋮부분에서는 잠시 쉬었다가 문장을 읽어보자. 첫 문장은 천천히 읽어도 영어답게 들리지만 그 다음 문장은 '서툰 영어' 그 자체가 될 것이다.
문장을 단락으로 잘라 의미를 이해하는 것은 영어를 마스터하기 위해 빼놓을 수 없는 기술이다.

## 이해하는 순서

실제로 영어로 대화할 때뿐만 아니라 문장을 읽을 때도 단락별로 문장을 파악하고 이해하는 습관을 들이지 않으면 결코 영어를 제대로 읽을 수 없다.

영어는 왼쪽에서 오른쪽으로 이어지는 문장을 눈으로 따라가면서 일문일답식으로 읽어나가는 언어다.

예를 들어

① **The cat** ② **scratched** ③ **the curtain** ④ **yesterday.**
(고양이가 어제 커튼을 할퀴었다.)

라는 문장을 읽었을 때 영어권 사람들은 다음과 같이 생각한다.

'우선 주인공은?' 하고 첫 단락을 본다.

**The cat**

'고양이로군. 그럼 고양이가 한 행동은?' 이렇게 생각하면서 다음 단락을 본다.

**scratched**

'할퀴었네. 그런데 무엇을?' 하고 다음 단락을 본다.

**the curtain**

'커튼이군'이라고 생각한다.

이렇게 기본형 부분은 끝나고 그 뒤는 부록이므로 여기서부터는 가볍게 훑어본다.

**yesterday**

'아하, 고양이가 커튼을 할퀸 때가 어제였군.'

이런 방식이 영어권 사람들이 **The cat scratched the curtain yesterday.**라는 문장을 보고 이해하는 순서다. 이 문장을 보고 결코 '①고양이는 ④어제 ③커튼을 ②할퀴었다'라고 뒤죽박죽 생각하지 않는다.

단락별로 문장을 파악하고 단락의 위치에 따라 주인공인지 조연인지 화살표인지 부록인지 판단하면서 읽어나가는 방법이 영문 독해의 기본이다. 이 과정을 빠르게 할 수 있게 되면 영어를 술술 읽을 수 있다.

이에 반해 우리말을 구사하는 사고방식에 따라 영어 문장을 해석하려고 하면 시간이 많이 걸린다. 이러한 사고방식에 따라 해석한 영어는 더 이상 영어가 아니라 그저 활자를 우리말로 바꾼 것에 불과하다.

영어를 제대로 읽기 위해서는 ① 문장을 늘 단락별로 파악하고

② 각 단락이 문장에서 어느 위치인지, 즉 주인공 상자, 화살표, 조연 상자, 부록 중 어디에 해당하는지 판단해야 한다.

특히 ①이 중요하다. 문장을 단락별로 파악할 수 있느냐 없느냐에 따라 영어 실력이 결정된다고 해도 과언이 아니다. 영어 문장을 읽을 때는 자동적으로 먼저 단락별로 나누어 파악하도록 하자. 단락별로 문장을 파악할 수만 있으면 긴 문장도 두렵지 않게 된다.

다음으로 중요한 사항은 단락을 자르는 위치를 파악하는 방법이다. 단락을 자르는 위치를 파악하는 방법은 말로 설명하는 것보다 9장(78쪽) 이후의 실천 편을 통해 확실히 익히도록 하자. 이 장에서는 우선 두 가지 요령만 소개하고자 한다.

### 화살표를 찾아라

**모든 영어 문장에는 반드시 화살표가 있다. 그리고 그 화살표는 어느 문장에나 하나밖에 없다.**

문장에 들어 있는 화살표를 찾기만 하면, 화살표 왼쪽은 주인공 상자, 오른쪽에는 조연 상자가 있다는 사실을 알 수 있다. 이렇게 기본형 부분이 판명되면, 그 뒷부분은 부록이므로 문장을 자르는 작업이 수월해진다.

문장을 자르는 1단계로 우선 화살표에 해당하는 '동작'을 나타내는 '단어'를 찾도록 하자.

이때 한 가지 주의해야 할 점이 있다.

주의! 화살표는 한 문장에 반드시 하나만 있지만 '동작'을 나타내는 단어가 다른 위치에 존재하는 경우도 있다. '배우'를 꾸며주는 '화장문'이 붙는 경우가 있기 때문이다. 그림으로 표현하면 이런 느낌이다.

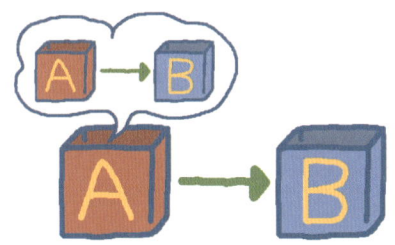

예를 들어 다음과 같은 문장이 있다고 하자.

**A cat that has lived for a hundred years can speak English.**

(백 살 먹은 고양이는 영어로 말할 수 있다.)

이 문장에서 화살표는 뒷부분에 나오는 **can speak**이다. 앞부분의 **that has lived for a hundred years**는 모두 **cat**에 붙는 화장문으로, 어디까지나 주인공 **cat** 뒤에 붙는 '장식'에 불과하다.

이 부분이 영어에서 유일하게 까다로운 부분인데, 실천 편(77쪽)에서 문장별로 자세히 이야기하겠다. 주인공(또는 조연)을 꾸미는 '화장문'에 포함된 화살표와 문장 전체의 진짜 화살표를 착각하지 말자.

## 배우 중심

우선 화살표를 찾고 나서 **A**상자와 **B**상자를 찾을 수 있다면 나머지는 부록이다. 영어 문장은 단락별로 자를 때 다음 순서대로 생각하면 이해하기 쉽다.

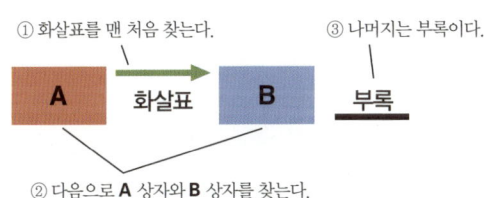

① 화살표를 맨 처음 찾는다.
③ 나머지는 부록이다.
② 다음으로 **A**상자와 **B**상자를 찾는다.

**A**상자와 **B**상자를 찾기 위해 우선 기본형을 다시 떠올려보자. **A**상자와 **B**상자는 기본적으로 '배우'를 중심으로 앞에는 '화장품', 뒤에는 '화장문'을 붙인 것이다. 그러므로 문장의 주체가 되는 배우와 대상이 되는 배우를 찾는 것이 중요하다. 중심이 되는 배우를 찾기만 하면 그 배우에게 어떤 화장품이 붙어 있는지 파악하는 것은 쉽다. 또한 어디에서 어디까지가 **A**상자인지 그리고 **B**상자인지도 쉽게 알 수 있다. 이미지로 나타낸다면 영어 문장을 보았을 때 다음과 같은 느낌으로 문장을 이해하는 것이 이상적이다.

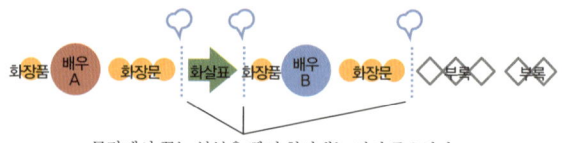

문장에서 끊는 부분을 빨리 찾아내는 것이 중요하다.

이제 실제로 문장을 잘라보자.
우선 아래 문장으로 시작해보자.

## The big fat cat steals delicious blueberry pies everyday.

(크고 뚱뚱한 고양이가 맛있는 블루베리 파이를 매일 훔친다.)

우선 '화살표'를 찾아보자. 화살표는 동작을 나타내는 단어이므로 이 문장에서는 **steals**(훔치다)밖에 없다. 따라서 자동적으로 **steals**가 화살표가 된다.

그 다음 주인공인 **A** 상자를 찾아낸다. '화살표'는 이미 찾았으므로 **A** 상자는 화살표 왼쪽에 있을 것이다. 화살표 왼쪽에 있는 배우는 **cat**뿐이다. 따라서 **cat**이 배우이고, 그 앞에 붙어 있는 세 개의 단어는 모두 **cat**의 화장품이 된다. 그 뒤에는 어떤 단어도 붙어 있지 않으므로 화장문은 없다. 이제 첫 번째 단락이 확실해졌다.

다음으로 화살표의 오른쪽 배우에게 주목하자. 이 부분에는 **blueberry**와 **pies**가 있지만, **blueberry**는 파이 종류를 설명하는 것이므로 조연이 되는 배우는 분명히 **pies**다. 따라서 화살표와 **pies** 사이에 있는 단어들은 모두 파이의 화장품이다. 이제 두 번째 단락도 확실해졌다.

그럼 파이 뒤에 붙은 **everyday**는 과연 **pies**의 화장문일까? 아니면 부록일까? 부록의 종류를 떠올려보자. 부록은 '시간', '장소', '어떻게' 등의 세 가지이다. **everyday**(매일)는 '시간'이므로 부록이고, **pies**에 붙는 화장문은 없다. 이렇게 마지막 단락도 확실해졌다.

또 다른 방법은 '화살표'만 찾아낸 후 뒤에서부터 부록에 해당하는 부분을 찾아내어 문장에서 떼어내고, 남은 문장을 단락별로 자르는 것이다. 앞의 영어 문장으로 예를 들면 화살표 **steals**를

찾아낸 후, 문장 끝에서부터 어디까지가 '시간', '장소', '어떻게' 등의 부록에 해당하는지 파악한다. **everyday**는 시간의 부록이므로 남은 문장을 단락별로 자르면 된다.

부록 중 '어떻게'를 판별하기 어려우면 나중으로 돌리고, 알기 쉬운 '시간'과 '장소'만 먼저 찾아보는 방법도 있다.

문장에 따라 단락을 쉽게 자를 수 있는 경우와 그렇지 않은 경우가 있으므로 여러 각도로 생각해보면서 문장을 자르는 방법을 적용해보기 바란다.

### 6장의 요점

- 영어 문장의 단락은 기본적으로 배우나 화살표를 중심으로 자르는 한 단위의 덩어리이다.

# 7장

## 이퀄문

지금까지는 계속 '기본형'에 국한해서 영어 문장을 살펴봤다. 그 외에도 기본형의 화살표가 이퀄equal로 바뀌는 문장의 형태가 있다. 이러한 문장의 형태는 기본형 다음으로 많이 나온다. '이퀄문'과 '기본형' 문장을 확실히 이해하면 영어 문장의 90퍼센트는 터득한 셈이다.

### A = B

그림으로 표현하면 기본형은 다음과 같은 형태인 데 반해

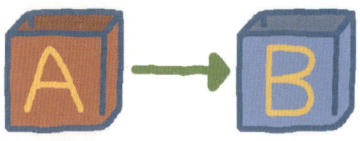

이퀄문은 아래와 같은 형태다.

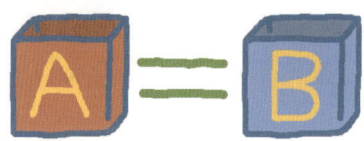

즉 이퀄문은 주인공 상자와 조연 상자에 들어가는 내용물은 똑같지만, 주인공 상자에 들어가는 내용물을 일컫는 호칭과 조연 상자에 들어가는 내용물을 일컫는 호칭이 다른 문장이다. 예를 들어 양쪽 상자에 고양이를 넣어보자.

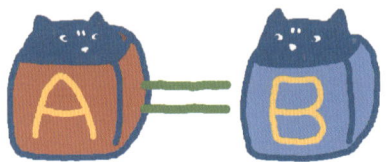

양쪽 상자에 들어간 고양이는 같은 고양이지만, 왼쪽은 '고양이', 오른쪽은 '크고 뚱뚱한 동물'이라고 불러보자. 이 내용을 문장으로 나타내면 다음과 같다.

**The cat is a big fat animal.**

이미 눈치 챘겠지만 이퀄의 위치에 **be**의 변형인 **is**가 들어가 있다. **be**와 그 변형에 해당하는 단어군은 수많은 영어 단어 중에서도 빈번히 쓰이는 단어들이다.

**be**는 주로 '있다'라고 해석하는 경우가 많지만, 꼭 정확한 해석은 아니다. 정확한 해석은 '존재한다'가 된다. 다만 우리말로 표현할 때 '존재한다'는 너무 추상적이고 광범위한 개념이라서 일상 대화에서 쓰면 부자연스럽다. 그래서 관례적으로 '있다'라고 해석하는 것이다.

그러나 이 **be**라는 단어는 예기치 않게 우연히 어느 장소에 '있다'는 의미가 아니라, 필연적으로 그 장소에 '존재한다'는 의미를 지닌 단어다.

예를 들어 **He is.**라는 문장은 상식적으로 생각해보면 성립되지 않는 문장이지만, '존재한다'라고 해석하면 '그는 존재한다'라는 의미심장한 뜻을 지닌 문장임을 알 수 있다.

등장 횟수가 많은 이 **be**와 그 친구들이 나오면 기본적으로 모두 이퀄로 바꾸어 생각하면 편리하다. 예를 들어,

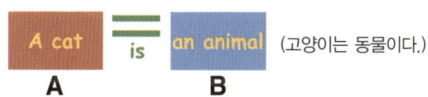 (고양이는 동물이다.)

와 같은 식으로 **is**를 이퀄로 바꾸어 해석하면 된다.

그리고 이 내용을 그림으로 표현하면 앞에서 말한 이퀄문이 된다.

## 이퀄의 변형

이외에도 **A→B**의 화살표를 이퀄로 바꾸어 해석할 수 있는 표현 몇 가지를 일람표로 만들어보자.

|   | 주인공 (**A**) |   | 조연 (**B**) |
|---|---|---|---|
| 1 | 인간 | = | 호모사피엔스 |
| 2 | 에드 | = | 인간 |

| 3 | 곰인형 | = | 어린이 장난감 |
| 4 | 파이 | = | 구운 과자 |
| 5 | 고양이 | = | 골칫덩이 |
| | | | |
| 6 | 고양이 | = | 얄밉다 |
| 7 | 고양이 | = | 조금 귀엽다 |
| 8 | 엄마 | = | 포근하다 |
| 9 | 선생님 | = | 엄격하다 |
| 10 | 영어 | = | 어렵다 |

여기서 주목해야 할 부분은 6~10의 예다. 1~5는 기본형인 **A→B**의 문장과 마찬가지로 조연 상자에 배우가 들어가 있지만 6~10에는 '화장품'이 들어 있다. 이것이 이퀄문에서 가장 주의해야 할 사항이다. **A→B일 때는 B에 반드시 '배우'가 들어가지만, A=B일 때는 B에 배우 외에도 '화장품'이 단독으로 들어갈 수 있는 것이다.**

아무튼 **be**와 그 친구들을 발견하면 거의 틀림없이 이퀄문이라고 생각해주기 바란다.

 유일한 예외는 **be**의 뒤에 별도로 '동작'을 나타내는 단어가 이어지는 경우로, 그 단어가 ~**ing**나 ~**ed**로 끝나

는 형태일 때다. 예를 들면

**The cat is playing with a ball.**
(고양이가 공을 가지고 놀고 있다.)

이 문장의 경우, **be** 뒤의 ~**ing**로 끝나는 단어와 **is**가 합쳐져서 하나의 화살표가 된다. 마찬가지로 **can**이나 **have** 등이 화살표에 붙어서 하나의 화살표가 되는 경우도 있으니 주의해야 한다.
이 규칙이 어렵고 혼란스럽다면 일단 신경 쓰지 말고 계속 진도를 나가도 상관없다. 이 규칙도 읽다 보면 자연스럽게 체득될 것이니 일부러 앞서 외울 필요는 없기 때문이다.

기본형과 이퀄문, 이 두 가지를 외워두면 영어로 거의 모든 것을 말할 수 있다. 이 두 가지 형태만큼은 반드시 확실하게 익히고 넘어가기 바란다.
정리하는 의미로 **be**의 친구들의 종류를 알아두자.

| **be**의 친구들 |
| --- |
| **be  am  are  is  was  were  been  being** |

지금까지는 1인칭이 무엇이고 복수형이 무엇인지 여러 가지 복잡한 내용을 배웠겠지만, 이 책에서는 '읽기' 위해서 공부하고 있으므로 그저 **be**의 친구들이라는 사실만 알고 있으면 충분하다.
주인공에 따라 어떤 단어를 쓰는지, 주인공이 복수일 때는 어떤 단어를 쓰는지도 읽다 보면 역시 자연스럽게 익히게 될 것이다.
마지막으로 많지는 않지만 **be** 외에 이퀄로 쓰이면서 동시에 화살표처럼 '동작'을 나타내는 단어가 있다. 가장 대표적인 단어가 '~이 되다'라는 의미를 가진 **become**이다. 그 밖에도 **be**나 **become**과 의미가 비슷한 단어가 몇 개 있지만 그다지 많지 않으므로 그 단어들도 책을 읽어나가면서 자연스럽게 익히기 바란다.

자, 이제 영어 문장을 읽기 위한 대략적인 기본 코스는 끝났다.

### 7장의 요점

- **be**와 **become** 등이 화살표 위치에 있을 경우, 그 문장은 **A=B**의 이퀄문이 된다.
- **A=B**일 때 **B**에는 배우 외에 화장품도 들어갈 수 있다.

# 8장

# 기본형의 응용

### 살아 있는 언어

7장을 마지막으로 영어의 구조에 대한 설명은 거의 끝이 났다. 사실 더 이상의 설명은 필요 없다.

다만 영어는 발명된 역사가 긴 만큼, 그동안 많은 사람들이 영어의 기본형을 사용해서 좀 더 재미있는 영어 문장을 쓸 수 없을까 하는 연구를 거듭해왔다.

그 과정에서 몇 가지 예외적인 용법이나 나열법이 표준으로 정착한 경우도 생겨났고, 오늘날에는 영문의 변형 표현이 매우 많아졌다. 대부분의 교과서에서 이런 변형 표현을 모두 가르치려 하다 보니 오히려 간단한 기본 규칙마저 이해하기 어려워졌다.

예외와 새로운 표현은 지금 이 순간에도 생겨나고 있을 뿐만 아니라 널리 퍼지고 있다. 이 모든 표현을 필사적으로 습득하려고 하면 끝없는 추격전이 될 뿐이다.

이러한 변형 표현의 탄생은 어느 언어에서나 볼 수 있는 현상이다(이는 한국어도 예외가 아니다. 예를 들어 젊은층을 중심으로 널리 쓰이는 외모가 출중한 사람을 의미하는 '얼짱' 같은 신조어를 한국어 초보자에게 가르친다면 혼란만 초래할 것이다: 옮긴이).

기존의 영어 교육에서 '가정법'이라든가 '가주어', '진주어' 등으로 불리는 문장의 형태는 모두 응용 표현의 한 예다. 누군가 발명한 변형 표현인 것이다. 갖가지 응용 표현을 암기하기보다는 영어의 기본 표현에 해당하는 '기본형'과 '부록'을 머릿속에 제대로 넣어두자. 모든 영어 문장은 어디까지나 기본형의 변형에 불과하므로 이 사실만 파악하면 변형 표현도 곧 읽을 수 있다.
그러니 단시간에 모든 문장을 이해하려 조급해하지 말고 천천히 익혀나가자.

이번 장에서는 실제로 영어 문장을 읽어나가기 전에 기본형의 변형 표현 중 가장 자주 등장하는 표현을 소개하려고 한다. 이러한 표현을 '단골 응용 표현'이라고 부르기로 하자.
하지만 실제로 영어 문장을 읽어나가면서 응용 표현을 익히고 싶다면 이번 장은 건너뛰고 다음 장 실천 편으로 곧장 넘어가도 좋다.

## 기본 응용 1 '부정'

문장에는 긍정문뿐 아니라 부정문도 있다. 예를 들어 '~가 아니다', '~라고는 할 수 없다'라는 부정문은 우리말에서도 자주 쓰는 표현이다. 영어에서는 이러한 부정문을 쓸 때 **don't**, **didn't**가 화살표 앞에 붙는다.
이 부정문 형태를 만들 때 지켜야 할 규칙이 몇 가지 있지만, 지금 우리의 목표는 '읽기'이므로 어려운 규칙을 외울 필요는 없다. 부정문을 구별하는 정도의 수준을 목표로 삼자.

처음에는 화살표 주변에 **no**나 **not**이나 **never**가 붙으면 부정문이 된다는 정도만 기억해두자. 이 정도만 기억해도 충분히 부정문을 식별할 수 있다.

참고로 위에서 언급한 **don't**와 **didn't**는 원래 **'** 부분에 **o**가 들어가야 하는 경우로, **do not**과 **did not**의 축약형이다. 축약형 역시 **not**이 포함된 문장이라는 사실을 잊지 말자!

부정문은 문장 전체에 '~가 아니다'를 붙여서 이해하면 된다.

### 기본 응용 2 '의문'

의문문은 무척 간단한 식별법이 있으므로 굳이 설명하지는 않겠다. 그 대신에 힌트 한 가지.

의문문의 끝에는 다른 문장에는 붙지 않는 기호가 반드시 붙는다. 무엇일까?

지금부터는 고급 응용에 들어간다.

이미 머릿속이 가득 차버린 사람은 일단 이 부분을 건너뛰고 다

음 장으로 넘어가도 좋다. 아직 여유가 있는 사람이나 이 책을 두세 번째 읽고 있는 사람은 고급 응용으로 계속 나아가자.

## 고급 응용 1 '대역'

대역이란 주인공이 들어가야 할 자리에 대신 들어가는 배우를 말한다. 주인공의 역할이 너무 길거나 복잡할 때 대역을 쓴다.
예를 들면 '에드가 경영하는 제과점의 장사가 잘되지 않는다는 사실을 아는 것'이란 문장을 주인공으로 하고, **B** 상자에는 '슬프다(**sad**)'를 넣어서 이퀄문을 만들어보자. 주인공을 영어로 표현하면 **'to know that the bakery Ed is managing is not doing very well'**이 되므로 이 문장을 **A**의 주인공 상자에 넣고 **B** 상자에 **sad**를 넣으면 다음과 같은 이퀄문이 만들어진다.

### To know that the bakery Ed is managing is not doing very well is sad.

(에드가 경영하는 제과점의 장사가 잘되지 않는다는 사실을 아는 것은 슬프다.)

이 문장은 문법상으로나 의미상으로도 틀린 곳이 없지만 주인공이 너무 길어서 이해하기 어렵다. 특히 문장을 보지 않고 귀로만 듣는다면 더욱 이해하기 어려울 것이다.

따라서 주인공을 대신할 대역으로 실용적인 단어 중 하나인 '**it**'을 써보자. 긴 주인공을 통째로 **A**에 넣는 대신에 **A**에는 **it**을 넣고 진짜 주인공은 문장 뒤에 붙인다. 그러면 다음과 같은 형태가 된다.

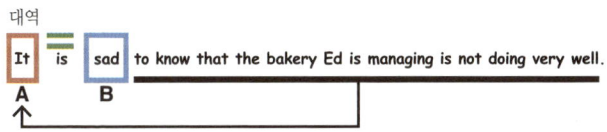

이렇게 편리한 방법이 영어에서는 가능하다. 문장 중에 위와 같은 형식이 나왔을 때 '아, 대역을 썼구나'라고 파악할 수 있는 정도면 된다.

## 고급 응용 2 '조연 생략문'

다른 고급 응용 표현들에 비해 꽤 빈번히 나오는 응용 표현이 바로 '조연 생략문'이라는 형태다. 이 문장은 말 그대로 조연이 생략된 문장이다.

기본형인 **A→B**라는 문장에서 간혹 **B**가 존재하지 않는 경우가 있다. 이 문장은 화살표에 해당하는 동작을 받아주는 상대방이 없어도 주인공 혼자서 가능한 동작을 하는 경우다.

예를 들어 '걷다', '뛰어오르다', '웃다'라는 단어는 상대나 도구 없이도 가능한 동작이다. 주인공이 혼자서 아무런 도구 없이 어디서나 할 수 있는 동작이다. 이런 경우는 **B**상자에 무언가를 넣고 싶어도 들어갈 내용물이 없다. 따라서 **B**상자도 없어진다. 그림으로 표시하면 이런 느낌이 아닐까.

**The cat jumped .**
(고양이가 뛰어올랐다.)

이러한 '조연 생략문'은 '부록'이 화살표 바로 뒤에 오기 때문에 유의해야 한다.

**The cat jumped over the fence.**
(고양이는 담장을 뛰어넘었다.)

## 고급 응용 3 '=조연 2'  고급 응용 4 '/조연 2'

**주의!** 이 두 가지 응용은 영어 문장에서 가장 복잡하다고 할 만하다. 그러니 정신을 바짝 차리고 살펴보자. 이 두 가지 응용에는 기본형 뒤에 둘 다 또 하나의 **B**상자가 붙는다. 이 두 번째 **B** 상자가 첫 번째 **B** 상자와 =이 될 때는 고급 응용 3이 되고, ≠가 될 때는 고급 응용 4가 된다. 우선 동일한 경우인 **B=B′**의 응용 표현부터 살펴보자.

7장에서는 **A=B**라는 이퀄문을 소개했다. 하지만 여기서는 **B=B′**이다. 이때 **B**에 들어가는 내용물은 **A=B**일 때 **B**에 들어가는 내용물과 마찬가지로 배우 혹은 화장품이다. 다음 문장이 그 예다.

**The cat made Ed angry .**
(고양이는 에드를 화나게 했다.)

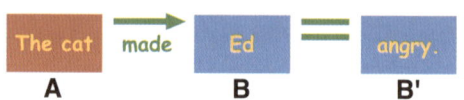

**A**           **B**           **B'**

**The cat made Ed**까지가 기본형이다. 하지만 여기서 문장이 끝나면 '고양이가 에드를 만들었다'는 이상한 문장이 되어버린다. 그러므로 두 번째 상자인 **B'**를 없어도 되는 '부록'으로 여겨서는 안 된다. **B'**와 **B**는 =로 연결되어 있으므로 **Ed=angry**가 되고, '에드가 화났다'는 것을 알 수 있다. 이 문장에서 고양이가 **made** 한 것은 바로 '에드를 화나게 한 상태'이다. 즉 고양이는 에드를 화나게 한 상태로 **made**한 것이다.

이러한 **A→B=B'** 형태의 문장은 그 수가 매우 적으며 화살표에 들어가는 '동작'은 대부분 결정되어 있기 때문에 화살표 부분을 보면 응용 표현임을 바로 알 수 있다. 이 **A→B=B'**에 주로 쓰이는 '동작' 화살표는 다음과 같다.

> **'=조연 2'를 주로 쓰는 '동작(화살표)'**
> make    hear    see    sell    name

이중에서 **name**은 '이름'이라는 의미의 배우가 아니라 '이름 짓다'라는 의미인 '동작(화살표)'이다.

다음은 고급 응용 4의 '/조연 2'를 살펴보기로 하자. 이 문장의 형태도 **A→B=B'**와 마찬가지로 자주 등장하지는 않는다. 이 문장은 조연이 하나 더 늘어나서 주인공이 행하는 화살표 동작을 받아주는 조연이 하나가 아니라 둘인 경우다. 동작의 작용을 그림으로 표현

하면,

이 아니라 다음과 같다.

이러한 응용 표현의 전형적인 예로는 다음과 같은 문장이 있다.

**Ed sold Ms. Anderson a pie.**

(에드는 미즈 앤더슨에게 파이를 팔았다.)

이 문장도 여느 기본형 문장처럼 **Ed sold Ms. Anderson**으로 끝나면 터무니없는 의미가 된다. 그러므로 기본형 뒤의 **a pie**를 부록이 아닌 제2의 **B**, 즉 **B'** 상자로 취급해야 한다. 화살표 **sold**는 **Ms. Anderson**과 **a pie** 모두에 관여하고 있다. '누구에게' **sold**했냐 하면 **Ms. Anderson**이고 '무엇을' **sold**했냐 하면 **a pie**다.

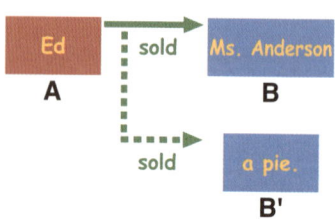

두 번째 **B**, 즉 **B'**의 존재 여부를 판단하는 기준은 기본형 문장이 성립되느냐 아니냐를 살펴보면 된다. 기본형 문장이 말도 안 되는 의미로 해석이 된다면 **B'**가 아닌지 따져봐야 한다. **B'**로 확인된 경우 **B'**가 '=조연 2'인지 '/조연 2'인지는 **B**와 **B'**의 관계에만 주의하면 간단하다.

고급 응용 3 '=조연 2'

**Ed made the cat = angry.**
고양이 = 화내고 있다

고급 응용 4 '/조연 2'

**Ed made the cat ≠ a pie.**
고양이 ≠ 파이

## 고급 응용 5 'and 연결문'

이 응용 표현은 고급 응용으로 비교적 많이 등장하는 편이지만 결코 어렵지는 않다. 소설 등에 자주 나오는 형태이므로 기억해 두면 도움이 될 것이다.

인물의 동작을 따라가며 이야기가 진행될 경우 '주인공이 일어섰다. 그리고 달렸다'와 같이 두 가지 이상의 동작을 이어서 하는 경우가 많다. 그러나 영어 문장에서는 한 문장에 화살표(동작)를 오직 하나밖에 쓸 수 없다. 문장을 각각의 동작에 따라 잘라서 쓰면 길이가 길어진다. 또한 캐릭터가 재빨리 움직였다는 느낌이 들지 않는다.

실제로 잘라서 써보면 다음과 같은 느낌이다.

**Ed stood up.**
(에드는 일어섰다.)

**Ed started to run.**
(에드는 달리기 시작했다.)

단숨에 일어서서 달려가는 느낌을 주기 위해 두 개의 문장을 연결해서 하나의 문장으로 만들어보자.

두 개의 문장을 연결할 때 쓰는 단어에는 몇 가지가 있는데 대표적인 것이 **and**이다. **and**로 두 개의 문장을 연결해보자.

**Ed stood up and Ed started to run.**

이 문장에 특별한 문제는 없지만, **Ed**가 두 번 나오기 때문에 조금 어색하다. 그렇다면 두 번째 **Ed**는 지워보자.

**Ed stood up and started to run.**

주인공이 같은 문장을 두 개 이상 연결하여 한 문장으로 나타낼 수 있다. 이때 중복된 두 번째 주인공을 생략하면 한결 읽기 쉽고 리듬감 있는 문장이 된다. 주인공이 다른 문장도 두 개 이상 연결하여 한 문장으로 나타낼 수 있다. 다만 이때는 양쪽의 주인공을 모두 써주어야 한다.

다양한 영어 문장의 변형 표현들은 오늘날에도 계속 늘어나고 있다. 언어는 살아 있는 생명체로, 원래는 규칙이나 문법 없이 관례로 존재하던 것이다. 시간이 지나면서 여러 작가들이 새로운 시도를 거듭하면서 새로운 응용 표현들을 만들어내고 있다. 응용 표현을 만들어내는 사람은 작가뿐이 아니다. 일반인들도 일상 회화 속에서 자신만의 독특한 어투와 특유의 단어 사용법 을 늘려가고 있다.

이 책에서는 오랜 역사를 거치며 차츰 늘어난 영어의 규칙 중 가장 기본적인 규칙만을 소개했다. 지금까지 익힌 기본 규칙들은 영어의 근간을 이루는 것이라고 해도 과언이 아니다. 이 기본 구조를 마스터했다면 여러분 스스로 응용 표현들을 활용할 수 있을 것이다.

### 8장의 요점

- 영어 문장은 여러 가지 응용 표현이 가능하지만 모두 기본형에서 변화한 것임을 잊지 말자.

# 실천 편

어느 정도까지는 잘 이해했지만
도중에 길을 잃어버린 사람은
**5장(42쪽)으로 돌아가서 다시 한 번 읽어보세요!**

방금 전 읽은 8장을 제외하고는 대부분의 내용을 이해한 사람은
일단 8장의 내용은 잊어버리고
**이대로 계속 책을 읽어나가도 좋습니다.**

그 밖의 경우도 페이지를 넘겨주세요.

## 9장

# 문장 읽기

자, 이제 실천 단계에 들어가보자. 그전에 수준별로 영어 문장을 어떻게 읽어나갈지 목표를 확실히 정하고 시작하자.

- **처음 읽을 때**

  단락에 유의하면서 소리 내어 읽어본다.

- **두 번째 읽을 때**

  화살표에 해당하는 단어를 바로 찾을 수 있도록 유의하면서 읽는다.

- **세 번째 읽을 때**

  어떤 배우가 어떤 화장품 혹은 어떤 화장문을 달고 있는지 살펴본다.

- **네 번째 읽을 때**

  특수한 형태의 문장에 주목한다. 기본형을 어떻게 변형해서
  이 문장이 되었는지 생각하면서 읽는다.

- **다섯 번째 읽을 때**

  10~11장을 잘 읽고 나서, '특별한 화장품'과 '접착제'에 유의하여
  영어 문장의 미묘한 뉘앙스를 파악하면서 읽는다.

## '무시'하는 것도 하나의 방법이다

앞에서 언급한 수준별 목표를 염두에 두고 자신의 수준에 맞는 방법으로 영어 문장을 읽어보자.

영어책을 읽는 목적을 단순히 영어를 공부하기 위한 하나의 수단이라고 생각한다면 잘못된 판단이다. 영어 공부를 하는 목적은 '영어책을 읽는 즐거움'을 누리기 위해서이다.

'책을 읽는다'는 것은 어디까지나 즐거워야 한다. 이는 영어 원서를 읽을 때도 마찬가지다. 모르는 단어가 있어도 사전을 찾지 말고 문장의 흐름을 따라가보자. 무리라고 생각할지도 모른다. 하지만 모르는 단어가 나올 때마다 사전을 찾으면 재미있던 책도 흥미가 없어진다.

**기본형 외에는 몰라도 괜찮다.** 화장품이나 화장문은 잘 몰라도 별 문제 없다.

주인공과 조연과 화살표 정도의 의미만 확실히 알고 있다면 충분하다. 다행히 이 세 가지 중에 어려운 단어가 나오는 경우는 드물다. 그러니 이중에서 모르는 단어가 나오거든 사전을 찾기 전에 앞뒤 문맥을 통해 의미를 짐작하거나 상상력을 발휘해서 의미를 유추해보자. 알고 있는 단어와 의미가 비슷하다면 차이점이 무엇인지도 비교해보자.

그래도 모르겠다면 **마지막 방법은 '모르는 단어는 무시하고 넘어가는 것'이다. 단어 한두 개를 모른다고 해서 문장을 아예 이해할 수 없는 건 아니다.** 만약 너무 자주 무시해야 한다면 현재 자신의 실력보다 조금 어려운 책이라고 가볍게 생각하고 넘어가자. 수준을 조금 낮추어 다른 영어 원서를 읽어보면 자신감을 되찾을 수 있을 것이다.

학교에서 배운 사실과 다를지도 모르지만, 이 책을 통해 영어를 공부하는 것이 아니라 살아 있는 언어로 받아들이고 체득하기 바란다. 그러니 '암기'보다는 '읽기'에 중점을 두자.

지금부터 나오는 모든 영어 문장은 색으로 구분해두었고, 조금이라도 어려울 것 같은 단어는 우리말 뜻을 달아놓았다. 참고하면서 읽어보자. 다만 어디에도 전체 해석은 싣지 않았다.

### 기본형 문장

우선 전형적인 기본형 문장을 몇 가지 살펴보자.

**The cat likes pies.**

기본형으로만 된 매우 단순한 문장이다.

**The cat sees Ed's pies.**

이 문장 역시 단순한 문장이다. '이름+′'(apostrophe, 아포스트로피) +s'의 형태로 '누구의~'라는 화장품이 되기 때문에 여기에서는 '에드의 파이'라는 의미가 된다.

**The cat forms a plan.**

(세우다) (계획)

이 문장만으로는 고양이의 계획이 무엇인지 아직 알 수 없다. 하지만 별 생각 없는 '어떤 계획'에 불과하다. 따라서 '특별한 화장품'으로 **the**가 아니라 **a**를 써야 한다(12장 참조).

**Ed spots the cat from the counter.**

(발견하다)

화살표 **spots**는 문자 그대로 스포트라이트를 비추는 느낌으로 '찾아내다, 발견하다'라는 뉘앙스를 풍긴다. 이 문장은 '기본형+부록'의 형식으로 부록의 종류는 '장소'이다.

**The cat snatches the pie quickly.**

(낚아채다) (재빠르게)

화살표 **snatches**는 매우 빠른 동작으로 한순간에 낚아채는 듯한 느낌이다. 이 문장도 '기본형+부록'의 형식으로 부록의 종류는 '어떻게'이다.

## 이퀄문

이번에는 화살표가 이퀄(=)이 되는 문장을 몇 가지 살펴보자. 이 형태는 영어 문장에서 기본형 다음으로 빈번히 나온다. 특히 이야기에 자주 등장하는 형태이므로 소설을 읽기 전에 확실히 마스터하도록 하자.

### **The pie is a blueberry pie.**

전형적인 이퀄문이다.
문장 첫머리에 나오는 파이에 **the**가
붙은 이유는 여러 파이들 중에서 '이건 블루베리 파이예요'라고 특정한 파이를 지정하고 있기 때문이다.
**blueberry**는 원래 특정 '사물'이기 때문에 배우가 될 수 있는 단어지만 이 문장에서는 파이를 꾸며주는 화장품으로 쓰여 '블루베리(가 들어간) 파이'라는 의미가 된다.

### **It is the cat's favorite pie.**
(좋아하는)

**It**은 앞 문장의 **blueberry pie**를 가리킨다.
이 문장에서 '이름 + ' + **s**' 형태의 화장품이 다시 등장해 '고양이의~' 라는 의미로 쓰였다.

## The cat seems very happy.

~으로 보이다

**be** 이외에 화살표가 쓰인 이퀄 문이다. 7장에서 **be**는 =로 바꿔서 생각하면 된다고 설명했다. 하지만 이 문장의 **seems**처럼 **be**가 아닌 화살표가 이퀄로 쓰일 때는 ≒(거의 같다는 의미)로 바꿔 생각하면 이해하기가 쉽다. 그러므로 이 문장에서는 **the cat**≒**very happy**가 된다.

## Ed is not happy.

이퀄문과 기본 응용 1인 부정이 혼합된 형태이다. '에드=기쁘지 않다'는 의미다.

## He is about to explode.

폭발하다

**He**는 물론 에드다. **explode**는 원래 '폭발하다'라는 의미지만 사람에게 쓰였을 때는 '감정이 폭발하다'라는 은유적인 표현이 된다.

'**about to**+동작'은 '~하기 직전'이라는 의미이다.

### 부정문

다음은 단골 응용 표현이다. 기본 응용부터 살펴보자.

### Ed can't find the cat.

can't는 can not의 축약형이다. 즉 not이 들어 있는 부정문이다. 화살표 자리에 '찾다' 대신 '찾을 수 없다'가 쓰였다. 그 외에는 전형적인 기본형 문장이다.

### The cat is not in the shop.

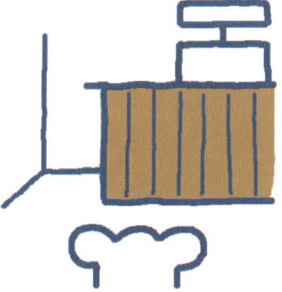

이 문장도 not이 있기 때문에 부정문이다. not을 빼면 The cat is in the shop.(고양이는 가게 안에 있다.)이 된다. 화살표가 be라는 점에서 언뜻 이퀄문처럼 보이지만 in the shop은 '가게 안'이라는 뜻으로 단순히 '장소'를 나타내는 부록이다. 'A='이라는 형태는 존재하지 않는다. 따라서 이 문장은 A↻ 형태의 문장이며 is는 '있다'라는 의미다.

즉, 이 문장은 B 상자 없이 'The cat is + 부록' 형태의 문장을 not으로 부정한 경우다.

## Ed has nothing to sell.

뒷부분의 **to sell**은 **nothing**을 꾸며주는 화장문이다. 그런데 이 **to**라는 단어는 영어에서 다양한 용법으로 자주 등장한다. 기존 영문법에서는 **to**의 다양한 용법을 일일이 구별하여 자세하

게 다루고 있어 까다로운 것이 사실이다. 하지만 읽기를 목표로 하는 단계에서는 **to**를 모두 하나의 기호 '〉'로 바꿔서 생각하면 이해하기 쉽다.

즉 **to**의 왼쪽 부분이 오른쪽 단어를 향하고 있다고 생각하면 된다. 영어 문장의 '화살표'만큼 강한 동작은 아니지만, 왼쪽에 호응해서 '그래, 그래. 왼쪽에 대해서 보충 설명할 거야'라는 의미로 오른쪽 부분을 가리키는 기호라고 생각하면 **to**라는 단어의 역할이 보일 것이다.

예를 들어 **going to Tokyo**라면 **going**〉**Tokyo**로 '**go**하는 방향이 **Tokyo**'라고 할 수 있다. 즉 **Tokyo**를 향해서 **go**한다는 의미다. **want to play**라면 **want**〉**play**로 '원하는 것'은 **to**가 가리키는 '놀기'다. 즉 '놀고 싶다'는 의미다. 예문의 **nothing to sell**은 **nothing**〉**sell**로, '없는 것'은 **to**가 가리키는 '팔 것'이다. 팔 물건이 없다는 의미다.

영어에는 **to**를 비롯해서 **on**, **at**, **in** 등 기호적인 의미를 지닌 단어들이 많이 있으며, 이들을 여러 단어와 조합해서 다양한 뜻을 가진 숙어를 만들어내기도 한다.

이 책에서는 이런 기호적인 의미를 지닌 단어들을 '접착제'라고 부르기로 하자. **to**와 그 밖의 접착제에 대한 자세한 설명은 13장에서 하고 있지만, 다른 부분에 비해 내용이 어렵기 때문에 지금 당장 읽는 것은 권하지 않는다. 일단 지금은 '**to**는 〉로 바꿔서 생각하면 된다'는 정도만 기억해주기 바란다. 예문 중에 **to**가 자주 등장할 예정이니 그때마다 주의하면서 읽어보자.

## 의문문

어디
### "Where are you, cat?"

전형적인 의문문이다. 문장 뒷부분에 쉼표를 찍고 그 뒤에 단어 한두 개를 보충하는 의문문에서 자주 볼 수 있는 형태이다. 이러한 형태는 본문과는 별도로 강조하고 싶은 부분이 있을 때 사용하는 방법으로, 쉼표를 찍

음으로써 사실상 최초의 문장은 마무리된다. 쉼표 뒷부분의 문장은 독립된 또 하나의 문장이라고 생각하면 된다. 위의 예문에서 쉼표 뒷부분은 단순히 이름을 부르고 있을 뿐이다.

## "Would you like some delicious cat food?"
<small>맛있는</small>

이 문장도 의문문의 전형적인 형태이다. would를 붙여서 상대방에게 질문하는 경우는 공손함을 나타내거나 손아랫사람이나 아이에게 상냥하게 대하는 의미가 담겨 있다. 매우 정중하면서도 부드러운 말투다.

## Where is the cat?

5W1H라고 불리는 6개의 단어들인 **when**(언제), **where**(어디서), **who**(누가), **what**(무엇을), **why**(왜), **how**(어떻게)는 흔히 가지는 기본적인 '의문'을 표현하는 편리한 단어다.

위 예문을 의문문이 되기 전의 형태로 되돌리면 **The cat is where.**라는 문장이 된다. 그러나 이러한 형태로 5W1H의 단어가 쓰이는 경우는 없다.

## B 생략문

**The cat jumps up on the roof.**
(뛰어오르다) (지붕)

위 예문에서 화살표는 **jumps** 이지만, **jump**에도 여러 종류가 있다.

'걷다'라고 했을 때, 게걸음이나 뒷걸음을 떠올리는 사람은 거의 없을 것이다. 하지만 '뛰다'는

'뛰어오르다'를 떠올리는 사람이 있는가 하면 '뛰어내리다'나 '뛰어넘다' 혹은 '한걸음에 달려가다'를 먼저 생각하는 사람도 있다. 영어에서는 이렇게 관련 있는 여러 동작을 포함하는 단어 뒤에 '접착제'를 붙여서 의미를 보충하여 이해를 돕는다. 예문에서는 **jump**에 접착제 **up**이 붙어서 '뛰어오르다'라는 의미가 된다. 즉 어딘가 낮은 곳에서 높은 곳으로 올라가는 동작을 내포하는 **jump**인 것이다.

화살표인 '뛰어오르다'는 특별히 대상이 필요 없는 동작이며 도구도 필요 없다. 따라서 이 예문에서는 **B**가 생략된다. **jumps up** 바로 뒤의 **on the roof**는 장소를 나타내는 부록이다.

다만 까다로운 점은 접착제가 앞의 화살표에 붙는지, 뒤의 부록에 붙는지 판단할 방법이 딱히 없다는 사실이다. 우리의 영어 교육에서는 보통 이러한 화살표+접착제로 구성된 단어를 '숙어'라고 부르며 세트로 암기하도록 권한다. 하지만 숙어는 외워도 외

워도 끝이 없다. 왜냐하면 화살표에 접착제를 붙이기만 하면 얼마든지 새로운 표현을 만들어낼 수 있기 때문이다. 그러니 억지로 암기하기보다 문장의 흐름 속에서 적절한 의미를 유추해보기를 바란다(이 책에서는 혼란을 피하기 위해 화살표와 접착제를 분리해서 살펴보고 있다. 만약 이해하기 어렵다면 일단 접착제를 빼고 생각해보자).

우리말에서도 '내다'라는 단어를 다른 동작을 나타내는 단어의 뒤에 붙여서 '읽어내다'나 '이끌어내다', '번역해내다' 등의 새로운 단어를 만들어낼 수 있듯이 영어에서도 얼마든지 새로운 말을 만들어 낼 수 있다.

특히 접착제는 새로운 말을 만들어내기에 안성맞춤인 재료이기 때문에 접착제를 붙여서 만든 표현들을 전부 외우는 것은 무의미한 일인지도 모른다. 게다가 암기에 의존하게 되면 실제로 영어를 사용할 때 새로운 말을 만들어내는 재미를 놓치고 만다. 기본형을 마스터한 후에 그것을 변형시켜 사용하면서 얻는 즐거움은 무조건 암기만 해서는 결코 얻을 수 없는 소중한 경험이다.

마지막으로 하나만 더 보충하려고 한다.

**jump**는 대개 접착제가 붙어서 조금 높은 곳으로 뛰어오르거나 반대로 뛰어내리는 상황에 쓰인다. 그러나 단독으로 쓰일 때는 동작보다는 '놀람'을 나타내는 비유로도 자주 쓰인다.

(예: **The ghost made Ed jump**. / 귀신은 에드를 펄쩍 뛰게 만들었다.)

**The pie falls from the cat's mouth.**
(떨어지다)

이 예문에서 화살표는 '떨어지다'이다. 떨어지는 것은 '고양이'가 아니라 고양이가 물고 있던 '파이'다. 엄밀히 말하면 파이는 무생

물이므로 의지가 없기 때문에
고양이가 '떨어뜨렸다'고 해야
맞지만, 이 문장은 파이의 관점
에서 쓴 표현이다. 고양이의 관
점으로 쓴다면 **The cat drops**
**the pie**.가 된다.

떨어뜨리다

이 문장에서 **from the cat's mouth**는 '장소'의 부록이다.

### and 연결문

굴러 떨어지다

**The pie rolls down the roof and drops on Ed's face.**

이 예문은 원래
**The pie rolls down the roof.**
**The pie drops on Ed's face.**
라는 두 문장을 **and**로 연결시킨
문장이다.
그리고 **down the roof**와 **on**

**Ed's face** 모두 '장소'의 부록이므로 두 문장 모두 '**B** 생략문'이
된다.

**Ed shakes his head
but the pie does not come off.**

이 문장은 한층 더 응용된 형태로 주인공이 다른 두 문장을 **but**으로 연결했다. 원래 이 문장은 다음과 같은 두 문장이다.

**Ed shakes his head.
The pie does not come off.**

각 문장의 주인공이 다르기 때문에 **but**을 사이에 넣었다. 그러므로 뒤 문장의 주인공이 사라지는 일은 없다. 두 번째 문장 역시 'B 생략문'이지만 **does not**이 붙어서 부정문이 되었다.

### A→B/B'

**The cat shows Ed an ugly grin.**
(추한 웃음)

이 문장의 화살표인 '보이다'에는 두 개의 조연이 붙을 수 있다. 즉 '누구에게' 보이는가와 '무엇을' 보이는가이다. 물론 어느 한쪽만 있어도 문장은 성립되지만, 위 문장처럼 조연을 둘 다 나열하면 **B** 상자가 두 개 놓이는 형태의 문장이 완성된다. 즉 고양이는 '에드에게(누구에게)', '추한 웃음을(무엇을)' 보였다는 의미로 해석된다.

### Ed tells the cat, "I'll get you!"
(tells: 말하다)

바로 앞의 예문과 마찬가지로
이 문장의 '말하다'에도 조연이
두 개 붙을 수 있다. 즉 '누구에
게'와 '무엇을'이 조연으로 붙을
수 있는 것이다. 다만 이 문장의
특징은 두 번째 조연 상자에 들
어가는 '무엇을'의 자리에 하나
의 대화문이 통째로 인용되었다는 점이다.

### A→B=B'

### The cat makes Ed furious.
(furious: 화나다)

이 문장의 형태는 **B** 상자가 두 개였던 바로 앞 예문과 비슷하지만, 앞의 예문에서는 화살표가 양쪽 **B** 상자 모두와 관계가 있었던 반면에 이 문장의 화살표는 기본형과 마찬가지로 첫 번째 **B** 상자 하고만 관계가 있다.

그렇다면 두 번째 **B** 상자는 어떻게 될까. 두 번째 **B** 상자는 첫 번째 **B** 상자와 이퀄 관계로 연결된다. 다음과 같은 형태가 되는 것이다.

**A→B=B′**

예문을 이 형식에 적용시키면
'고양이→에드=화나다'가 된
다.

이렇게 조연 쪽에 좀 더 상세한
동작을 덧붙이고 싶을 때 응용
문 **A→B=B′**를 이용한다. 이렇
게 조연 쪽에 자세한 설명을 덧붙일 경우 오히려 화장품이나 화장
문을 사용하는 편이 훨씬 간단하기 때문에 이 **A→B=B′** 형태는
그다지 많이 등장하지 않는다.

### <sup>이름 짓다</sup>Ed names the cat Big Fat Cat.

이 예문의 화살표는 '이름 짓다'
이다. 그리고 '고양이'='빅팻
캣'이다. 주목해야 할 점은 **Big
Fat Cat**의 머리글자가 모두 대
문자라는 사실이다. 즉 이 세 단
어의 조합은 단순히 고양이가
크고 뚱뚱하다는 의미를 나타내는 배우와 화장품의 조합이 아니
라, **Big Fat Cat**이라는 고양이의 이름을 말하는 것이다.
두 개의 **B** 상자가 이퀄로 연결되면 응용문 **A→B=B′** 형태이고,
두 개의 **B** 상자가 모두 화살표와 관련된 조연으로 쓰이면 응용문
**A→B/B′** 형태라고 생각하면 된다.

### 대역문

It was wrong to steal his pie.
　　　　나쁜　　　훔치다

이 예문은 원래 to 이하의 '그의 파이를 훔치다'가 주인공 상자에 들어가야 한다. 주인공 상자에 이 부분을 넣어보면 다음과 같다.

**To steal his pie was wrong.**

이 문장을 좀 더 이해하기 쉽도록 주인공은 무대 뒤쪽으로 데려가고 대역 **It**을 앞세워 주인공 대신 연기하도록 한 것이다.

**It became known that Ed hated the Big Fat Cat.**
　　　　　　　알려지다

이 문장의 진짜 주인공은 '**Ed hated the Big Fat Cat**'이라는 '사실' 자체이다. 또한 이 문장 전체는 기본형이 아니라 이퀄문으로 **It=known**이다. 누구에게 '알려졌나' 하는 것은 이 문맥만으로는 확실히 판단할 수 없지만 아마 마을 사람들이나 주변 사람들에게 알려졌을 것이다.

# 10장

# 패러그래프 읽기

이번 장에서는 몇 개의 영어 문장들이 모인 '패러그래프paragraph' 단위로 읽어보자.

처음에는 부분적으로 뜻을 달아두었고 그 다음에는 같은 문장을 색깔별로 구분해 해설을 달아두었다.

지금부터는 이야기적인 요소가 강해지므로 줄거리가 있는 이야기를 읽고 있다는 사실을 염두에 두고 읽어주길 바란다.

It is a nice day in Everville(에버빌(마을 이름)). The sun is high in the sky. Ed has been working hard(열심히 일하다) since morning. Ed is the owner(주인) of the only bakery(제과점) shop in town. The name of the bakery shop is Pie Heaven(파이천국(가게 이름)). Its specialties(자랑거리) are of course pies. Blueberry pies, cranberry pies, cherry pies and strawberry pies. Everyone likes them. In fact(사실상), everything likes them. Even cats.

Ed is happy when he is

baking pies. He becomes very happy when somebody tells him they are good. The bakery is doing good business. Ed loves his work.

　Just one thing is his worry.

　The big fat cat that loves his pies.

　When Ed is not watching, the cat sneaks through the door and steals his precious pies. Sometimes the cat comes twice a day. Ed is very angry at this cat. Yesterday, the cat dropped a pie on top of him from the roof. Ed's hair still smelled like blueberry after two showers.

　Ed was determined to fight the cat. He will never give up.

## 해설

**It is a nice day in Everville.**

A=B　갑자기 새로운 형태가 등장해 당황스러웠을지도 모르겠다. 이 형태는 조금 특수한 문장이다. 이야기 첫머리에 자주 나오는 문장이라서 일부러 첫 문장으로 써봤다. 보통 It은 앞 문장에서 나온 단어나 단락을 대신하는 대역

으로 쓰이지만 이 문장에서는 문장 전체의 첫머리에 자리하고 있으므로 어떤 단어를 대신하는 대역이 될 수 없다. 보통 '날씨'나 '시간(예: It is three o'clock.)'을 나타내는 문장에서는 It을 주인공으로 사용한다.

에버빌은 마을의 이름이기 때문에 대문자로 시작한다.

### The sun is high in the sky.

A=B 전형적인 이퀄문이다. 이야기의 서두나 내레이션 부분에서는 이퀄문이 반복해서 사용되는 경향이 있다.
in the sky는 막연해 보여도 어엿한 '장소'의 부록이다.

### Ed has been working hard since morning.
(열심히 일하다)

A↶ has been working이 화살표이고, hard는 '어떻게', since morning이 '시간'의 부록이다.

### Ed is the owner of the only bakery shop in town.
(주인) (제과점)

A=B 조연이 되는 단어는 owner이고 그 뒤는 화장문이다.

### The name of the bakery shop is Pie Heaven.
(파이천국(가게 이름))

A=B 주인공이 되는 핵심단어는 name이고 그 뒤는 화장문이다. Pie Heaven이 대문자로 쓰인 이유는 가게 이름이기 때문이다.

### Its specialties are of course pies.
(자랑거리)

A=B Its(그것의)는 Pie Heaven을 가리킨다. 이 문장에서는

리듬감을 살리기 위해 '어떻게'에 해당하는 부록인 of course를 화살표 바로 뒤에, 조연 바로 앞에 썼다. 원래는 Of course, its specialties are pies.와 같이 문장 첫머리에 오는 것이 일반적이다. 이렇게 위치를 바꿀 수 있는 것은 영어이기 때문에 가능한 '응용 표현'의 한 예다. 이렇게 기본형을 다양하게 응용할 수 있다는 점이 영어의 즐거움이기도 하다. 응용 표현을 사용한 문장을 보거든 '이렇게 쓸 수도 있구나' 하고 눈여겨보면서 영어의 묘미를 만끽하기 바란다.

## Blueberry pies, cranberry pies, cherry pies and strawberry pies.

(A→)B  이 예문은 완전한 문장은 아니다. 소설이기 때문에 가능한 표현으로 앞 문장의 '파이'를 받아 파이의 종류를 나열하고 있을 뿐이다. 앞 문장의 조연 상자에 넣으면 길이가 너무 길어지므로 따로 쓴 것이다.

## Everyone likes them.

A→B  이 패러그래프에서 처음으로 나온 기본형 문장이다.

사실상
## In fact, everything likes them.

A→B  바로 앞 문장과 거의 같은 형태인데 첫머리에 부록이 붙었을 뿐이다. them은 두 문장 앞에서 나열한 파이들의 대역이다.

**Even cats.**

**A(→B)** 강렬한 인상을 남기기 위한 표현으로 불완전한 문장이다. 원래 문장은 Even cats like them.이지만 앞에서 비슷한 문장이 나왔기 때문에, 중복된 부분은 생략하고 강조하고 싶은 부분만 눈에 띄게 쓴 것이다. 소설에서 주로 쓰이는 표현이다.

**Ed is happy when he is baking pies.**
<sub>굽다</sub>

**A=B** 'when he is baking pies(파이를 구울 때)'는 '시간'의 부록이다.

**He becomes very happy when somebody tells him they are good.**

**A=B** 앞의 문장과 형태가 같지만, 이퀄로 become이 쓰였다. when 이하는 모두 '시간'의 부록이다.

<sub>do good business = 장사가 잘되다</sub>
**The bakery is doing good business.**

**A→B** do good business는 '장사가 잘되다'라는 의미로 해석된다. 화살표는 is doing이다.

**Ed loves his work.**

**A→B**

<sub>걱정거리</sub>
**Just one thing is his worry.**

**A=B** one thing은 '한 가지'가 된다. Just는 one thing을 꾸

며주는 화장품으로 합쳐서 '단 한 가지'라는 뜻이 된다.

### The big fat cat that loves his pies.

A(→B)  불완전한 문장이다. 앞 문장의 one thing을 구체적으로 설명하고 있다. 이 문장을 그대로 앞 문장의 주인공으로 써도 되지만 문장이 너무 길어지기 때문에 이러한 형식을 취했다. 또한 강렬한 인상을 남기기 위한 의도도 있다.

### When Ed is not watching, the cat sneaks through the door and steals his precious pies.
(보다) (슬쩍 지나가다) (훔치다) (소중한)

and 연결문(A↩ and A→B)  원래 이 문장은 두 개의 문장이다. 즉 The cat sneaks through the door.와 The cat steals his precious pies.로 주인공 cat이 같아서 and로 연결시키고 있다. 문장 첫머리의 When Ed is not watching은 물론 '시간'의 부록이다.

### Sometimes the cat comes twice a day.
(두 번)

A↩  실제로 핵심이 되는 단어는 cat과 comes뿐인 문장이다. Sometimes와 twice a day는 모두 '시간'의 부록이다.

### Ed is very angry at this cat.
(화나다)

A=B  at this cat은 '어떻게'의 부록이다.

### Yesterday, the cat dropped a pie on top of him from the roof.
<sup>떨어뜨리다</sup> <sup>지붕</sup>

A→B     on top of him과 from the roof는 작은 범위이긴 하지만 '장소'의 부록이다.

### Ed's hair still smelled like blueberry after two showers.
<sup>아직</sup> <sup>냄새 나다</sup>

A↩     still은 '어떻게'의 부록이다. 이 문장에서는 still을 화살표 앞에 써서 화살표의 동작이 여전히 계속되고 있음을 강조하고 있다.

이 문장에서 like는 화살표가 아니라 화장품으로 쓰여서 '좋아하다'가 아니라 '~같은'이라는 의미가 된다.

after two showers는 '시간'의 부록이다. '샤워를 두 번이나 한 후에도'라는 의미다.

### Ed was determined to fight the cat.
<sup>결심하다</sup>

A→B     to 이하인 to fight the cat이 조연이 된다.

### He will never give up.

A↩     화살표는 will never give이다. never는 매우 강하게 부정할 때 사용하는 단어로 문장 전체와 관련하여 '절대로 ~않다'라는 의미로 쓰인다.

give에 up이 붙어서 손을 드는 이미지가 더해져 '항복하다', '포기하다'라는 의미가 된다(9장 'B생략문' 참조).

Just before closing time, Ed heard the front door open. He glanced at the door from across the counter. No one was there. But the door was slightly open.

Ed reached for the frying pan on the counter. This time, he would protect his pie. Ed came out from the counter with the frying pan ready.

He saw the cat's tail. The cat was sniffing his blueberry pie.

"Aha! I got you!!"

Ed screamed and threw the frying pan. The cat jumped aside. The frying pan hit the blueberry pie. The pie flew into the air.

"No!"

### 해설

**Just before closing time, Ed heard the front door open.**

A→B=B′  Just before closing time은 '폐점 시간 직전', 다시 말해 '가게문을 닫으려는 찰나'라는 의미로 '시간'의 부록으로 손색없는 표현이다.

조연은 두 개인데, 첫 번째 조연은 front door이고 두 번째 조연은 open이다. 그리고 이 두 개의 조연은 이퀄 관계이므로 door=open이 되어 문이 열리는 상황을 의미한다. 폐점 시간이 지났다면 문을 억지로 열지 않는 이상 문이 '열리는' 경우는 없을 것이다.

### He glanced at the door from across the counter.
<small>흘끗 보다</small>

**A↩** 화살표는 glanced이다. at the door, from across the counter는 '장소'의 부록이다.

### No one was there.

**A↩** 거기에는 아무도 없었다는 의미인데, 영어의 모든 문장에는 반드시 주인공이 필요하기 때문에 no one, 즉 '없는 사람'이 등장한다. 있는 그대로 해석하면 '거기에는 없는 사람이 있었다'와 같은 재미있는 표현이 된다. 이해하기 쉽게 해석을 하면 '거기에는 아무도 없었다'이다. there 역시 '거기'라는 '장소'의 부록이다.

### But the door was slightly open.
<small>약간</small>

**A=B** slightly는 open을 꾸며주는 화장품이다.

### Ed reached for the frying pan on the counter.
<small>손을 뻗다  프라이팬</small>

**A↩** 이 문장에서 동작을 나타내는 단어 reach는 어떤 대상을 향해 '손을 뻗는다'는 의미인데, 그 대상에 손이 '닿은' 경우는 A→B의 형태가 되지만 '닿지 못한' 경우는

A⤺의 형태가 되는 특이한 단어다. 이 문장에서는 에드가 '프라이팬'을 향해서 손을 뻗었지만 손이 닿지는 못했다. 결과적으로 손을 뻗는 동작을 받아주는 대상 없이 에드 혼자서 손을 뻗은 동작을 한 셈이다. 그러므로 조연 없이 문장이 성립되는 A⤺의 형태가 된다. 따라서 화살표 뒤의 for the frying pan과 on the counter는 둘 다 '장소'의 부록이 된다. 다시 말해 이 문장은 A⤺(+장소의 부록×2)의 형태가 된다. 그러나 겨냥한 대상에 손이 닿았다면 그 대상 없이는 문장이 성립되지 않으므로 A→B의 형태가 된다. 참고삼아 손이 '닿은' 경우의 예문을 들어보겠다.

Ed reached the goal. (에드는 목적지에 도착했다.)

## This time, he would protect his pie.
(지키다)

**A→B**  This time은 '시간'의 부록이고 would protect가 화살표다.


## Ed came out from the counter with the frying pan ready.
(준비해서)

**A⤺**  화살표는 came이다. out from the counter는 '장소'의 부록이고 with the frying pan ready는 '어떻게'의 부록이다.


## He saw the cat's tail.
(꼬리)

**A→B**  이야기가 전개되면 확실히 기본형이 많아진다.

### The cat was sniffing his blueberry pie.

*쿵쿵 냄새 맡다*

**A→B** 화살표는 was sniffing이다. sniff는 사람에게도 쓸 수 있지만, 지극히 고양이다운 행동이다.

### "Aha! I got you!"

**A→B** 처음으로 나온 대사다. 첫머리의 Aha!는 감탄사로 '생각났다!'라든가 '해냈다'와 같은 장면에서 종종 나온다. 감탄사는 이 글처럼 재미있는 이야기에서 재치를 더해 주는 표현이다.

### Ed screamed and threw the frying pan.

*소리 지르다    던지다*

**and 연결문(A↺ and A→B)**  원래 문장은 Ed screamed.와 Ed threw the frying pan.이다. 주인공이 Ed로 같고 screamed와 threw가 연속된 동작이기 때문에 and로 연결해 한 문장이 되었다. screamed는 문자 그대로 '비명을 질렀다'는 의미가 아니라 바로 앞 문장의 Aha! I got you!를 마치 비명을 지르듯 '큰소리로 외쳤다'는 의미다.

### The cat jumped aside.

*뛰다  옆으로*

**A↺** aside는 '장소'의 부록이다.

### The frying pan hit the blueberry pie.

**A→B** 생물이 아닌 무생물인 물건이 주인공인 문장이다.

**The pie flew into the air.**

A↺　　into the air는 '장소'의 부록이다.

**"No!"**

　　　　에드의 대사다. 문장은 아니다.

10장 • 패러그래프 읽기

Ed cried out, but it was too late.
크게 소리치다                너무 늦다

The blueberry pie fell on the floor. The cat saw this and was very fast. Before Ed could do anything, the cat took the pie and ran for the door. Ed threw the frying pan at the cat again. And missed the cat once more.
놓치다              다시 한 번

The frying pan shattered the front door glass. Ed almost fainted.
산산이 부수다                                  기절하다

## 해설

**Ed cried out, but it was too late.**
크게 소리치다            너무 늦다

**but** 연결문(**A**↩ but **A**=**B**)   Ed cried out.과 It was too late.라는 두 문장을 but으로 연결한 형태다. 이 문장처럼 속도감 있게 넘어가야 하는 장면에서는 연결문을 많이 이용한다.

cried는 앞 대사인 No!를 울음이 터질 듯 안타까운 목소리로 외쳤다는 의미다.

두 번째 문장의 it은 이 이야기의 맨 처음에 나왔던 '날씨'를 표현하는 문장과 마찬가지로 '시간'을 나타낼 때 쓰는 형태로, 다른 단어를 대신하는 대역이 아니다. 굳

이 대역에 적용시키자면 '시간'이라는 단어의 대역이다.

**The blueberry pie fell on the floor.**
**A↺**   on the floor는 '장소'의 부록이다.


**The cat saw this and was very fast .**
and 연결문(**A→B** and **A**=**B**)   The cat saw this.와 The cat was very fast.가 and로 연결되어 있다. 역시 속도감을 주기 위해 연결문으로 처리했다.
this는 앞에 나오는 문장 The blueberry pie fell on the floor.라는 문장 전체의 대역을 맡고 있다.

**Before Ed could do anything, the cat took the pie and ran for the door.**
and 연결문(**A→B** and **A↺**)   The cat took the pie.와 The cat ran for the door.라는 두 문장을 and로 연결했다. and 연결문이 연달아 나와 이야기의 속도감을 더해준다. for the door는 '장소'의 부록, Before Ed could do anything은 '시간'의 부록이다.


**Ed threw the frying pan at the cat again.**
**A→B**   at the cat은 '장소'의 부록, again은 '어떻게'의 부록이다.

놓치다   다시 한 번
**And missed the cat once more.**
(**A**)**→B**  앞 문장과 이 문장은 원래 and로 연결되어야 할 문장이

108

다. 그러나 이 문장을 앞 문장보다 강조하고, Ed가 No! 라고 소리치고 난 후에 이어진 빠른 동작들을 마무리하는 의미로 이 문장 앞에 마침표를 찍어 일단 문장을 끝냈다. 그리고 And로 문장을 시작했다. '이런 응용도 있어?' 하고 생각할지도 모르겠지만 보는 바와 같이 분명히 '있다'. 이렇듯 영어는 다양한 응용이 가능해서 재미있는 언어다.

once more는 '어떻게'의 부록이다.

### The frying pan shattered the front door glass.
산산이 부수다

A→B  아마도 가게 유리문의 유리가 깨져버린 모양이다.

### Ed almost fainted.
기절하다

A↺  almost는 '어떻게'의 부록이다. 물론 정말 기절했다는 의미는 아니다. 상황에 맞게 해석을 하자면 충격으로 '정신이 아득해졌다'는 느낌이 아닐까.

# 11장
# 이야기 읽기

이번 장에서는 짧은 이야기를 읽어보기로 하자. 형식은 10장에서 패러그래프를 읽었을 때와 같다. 우선 부분적으로 단어 뜻을 달아둔 본문 전체를 실었다. 그런 다음 한 문장씩 색깔 상자별로 구분해서 해설을 덧붙인 본문을 한 번 더 실었다.

먼저 해설을 보지 말고 읽어보길 바란다. 만약 별 문제 없이 술술 읽힌다면 해설은 건너뛰어도 상관없다.

다만 절대로 처음부터 해설을 보면서 읽지는 말자.

이야기를 단위로 자른 후 분석하고 해설하는 것은 이야기가 지닌 '마법'을 빼앗아버리는 행위이기도 하다. 도저히 모르겠다는 부분이 있다면 그 부분만 해설을 참조하길 바란다.

해설에 여러 가지 사항을 적었는데, 해설을 이해하지 못해도 본문의 내용만 이해한다면 그것으로도 충분하다. 무리해서 해설을 이해하려고 할 필요는 없다. 때로는 해설 때문에 읽고 오히려 머리가 복잡해질 수도 있으니 말이다.

가장 중요한 것은 본문의 내용을 이해하는 것이다. 문장 구조를 분석하는 것은 어디까지나 내용을 이해하기 위한 과정에 불과하다. 부디 즐기면서 읽어주길 바란다.

# THE BIG FAT CAT by Teddy Mukoyama

"Now, that is a good idea!"

Ed said, admiring his new front door. The shattered swinging door was replaced with a new glass door. This door had a doorknob. A cat could not open it.

All during the day, Ed watched the door. He wanted to see the cat surprised.

Ed was whistling when the cat finally appeared. The big fat cat came to the door as usual and leaned on it. But this time, the door didn't open. The cat frowned. It tried again. Once again, the door didn't open.

Angry now, the cat started scratching the door. But the door was made of glass. It was no use. The cat saw Ed laughing through the glass. It seemed very mad. But after a moment, it disappeared.

"Yes! Victory!"

Ed danced around with joy.

The cat came again that evening. It tried to open the door for more than ten minutes. But failed. It watched Ed for another ten minutes. The cat was very, very angry. It did not understand why the door did not open.

The cat came back every day for the next ten days. It never succeeded in opening the door. Ed laughed every

time.

On the tenth day, the cat came for the last time. Ed watched it again. But this time, the cat didn't try the door. It just sat there watching the blueberry pie inside. Ed noticed that the cat was smaller. It was also very tired. And very sad.

Just once, the cat scratched the door weakly. It looked up to Ed with very sad eyes. Then, it left.

The cat didn't come back the next day. Ed thought that he had won. He was very happy at first.

But the cat didn't come back the next day, either. Nor the day after that. Ed became worried. He could not work. He just waited for the cat every day. But it never came.

On the fifteenth day, Ed closed the bakery at noon. He went outside to look for the cat. He searched around town but could not find the cat. Gradually, he became very upset. He remembered how the cat was tired. Maybe it had nothing to eat.

Ed searched everywhere desperately. He had no luck. The cat was nowhere. Maybe — maybe it was already dead.

Discouraged and very tired, Ed came home. He was about to open the front door when he realized a weak purr. Ed looked around. There was no cat around. He went to the side of the bakery. There, beneath the

pipe duct, the cat was lying in
a small ball. It seemed very
weak. When it saw Ed, it
started to run, but couldn't.

The big fat cat was now a small thin cat.

Ed understood why the cat was there. It had been smelling the smell of the blueberry pie that was coming out from the pipe.

Ed looked down at the cat.

The cat noticed some blueberry stains on Ed's pants. It started to lick the stain. Ed sighed and picked up the cat. It wiggled but stayed in Ed's hands.

"You probably like my pie better than anyone."

Ed said. The cat purred.

Ed smiled and took the cat inside. The cat was a very small and thin cat, but Ed thought it would become a big and fat cat again after maybe five or ten blueberry pies.

And a new home.

"Now, that is a good idea!"

A=B     that은 다음 문장에 나오는 new front door의 대역이다. 아직 등장하지 않은 것의 대역을 미리 내세워 복선을 연출하고 있다.

Ed said, admiring his new front door.
<small>감탄하다</small>

A↩     admiring 이하는 '어떻게'의 부록이다.

The shattered swinging door was replaced with a new glass door.
<small>교체하다</small>

A↩

This door had a doorknob.
<small>손잡이</small>

A→B

A cat could not open it.

A→B     부정문

All during the day, Ed watched the door.
<small>all during the day = 하루 종일    지켜보다</small>

A→B

He wanted to see the cat surprised.
<small>놀라다</small>

A→B     surprised는 뒤에 있지만 cat의 화장품이다.

**Ed was whistling when the cat finally appeared.**
   휘파람을 불다 / 마침내 / 나타나다

**A↩**


**The big fat cat came to the door as usual and leaned on it.**
   평소처럼 / 기대다

and 연결문(**A↩** and **A↩**)　　it은 door의 대역으로 쓰였다.


**But this time, the door didn't open.**

**A↩**　　부정문


**The cat frowned.**
   찡그리다

**A↩**


**It tried again.**

**A↩**　　원래는 It tried to open the door again.으로 A→B이지만 앞 문장과 겹치는 부분을 생략하여 **A↩**가 되었다.


**Once again, the door didn't open.**

**A↩**　　부정문


**Angry now, the cat started scratching the door.**
   화나다 / 긁다

**A→B**　　~ing로 끝나는 '동작'의 단어가 구문의 첫머리에 올 때는 '~하는 일'이라고 해석하는 경우가 많다. scratching the door는 '문을 긁는 일'이 된다.

**But the door was made of glass.**

A=B   조금 특수한 문장이다. made of glass 전체가 조연으로 '유리로 만들어진'이라는 의미다(상세한 설명은 172쪽 '접착제 **of** ' 참조).

**It was no use.**

A=B   그대로 직역하면 '그것은 사용할 수 없었다'지만 It was no use.는 전체 단어가 모여 '소용없었다', '쓸모없었다', '헛일이었다'는 의미가 된다.
It은 scratching the door의 대역이다.

**The cat saw Ed laughing through the glass.**

A→B=B′   Ed=laughing.

**It seemed very mad.**

A=B

**But after a moment, it disappeared.**

A↶

**"Yes! Victory!"**

단순히 단어를 나열한 불완전한 문장이지만 대사이므로 이러한 표현도 가능하다.

**Ed danced around with joy.**
<sup>기쁨</sup>

A↩

**The cat came again that evening.**
<sup>저녁</sup>

A↩

**It tried to open the door for more than ten minutes.**

A→B

**But failed.**
<sup>실패하다</sup>

(A)↩ 　원래는 But it failed (it은 고양이의 대역). 앞 문장에 but으로 연결해도 되지만 따로 문장으로 처리하여 고양이가 실패했다는 사실을 강조하고 있다.

**It watched Ed for another ten minutes.**

A→B

**The cat was very, very angry.**

A=B

**It did not understand why the door did not open.**
<sup>이해하다</sup>

A→B 　why로 시작하는 문장은 '왜 ~인지'라고 해석한다. 이 문장은 '왜 문이 안 열리는지'라는 의미로 부정문이다.

**The cat came** back every day for the next ten days.

**A↰**　　화살표는 came. 뒤에 부록이 세 개 이어진다.


성공하다

**It never succeeded** in opening the door.

**A↰**　　never가 붙어 있으므로 강한 부정문이다.


**Ed laughed** every time.

**A↰**


열흘째

On the tenth day, **the cat came** for the last time.

**A↰**


**Ed watched** it again.

**A→B**


But this time, **the cat didn't try the door**.

**A→B**　　부정문


**It just sat** there watching the blueberry pie inside.

**A↰**


알아채다

**Ed noticed that the cat was smaller**.

**A→B**　　that 이하의 문장은 통째로 조연이다. '고양이가 작아졌다'는 의미로 한 문장 전체가 조연이다.

**It was also very tired.**
A=B
(지치다)


**And very sad.**
(A=)B   원래는 앞 문장에 and로 연결되어 있어야 하지만 강조하기 위해 따로 떼어 썼다.


**Just once, the cat scratched the door weakly.** (약하게)
A→B


**It looked up to Ed with very sad eyes.**
A↺   looked up은 '올려다보다'라는 의미인데, up이 '어떻게'의 부록이라고 생각하면 이해하기 쉽다.


**Then, it left.**
A↺


**The cat didn't come back the next day.**
A↺   부정문


**Ed thought that he had won.**
A→B   이 문장에서도 that 이하가 통째로 조연이 된다.


**He was very happy at first.**
A=B

**But the cat didn't come back the next day, either.**

**A↩**   부정문


**Nor the day after that.**

앞 문장에 nor로 연결해야 할 문장이지만 강조하기 위해 따로 떼어 썼다. the next day nor the day after that.이 본래 모습이다. Nor(어느 쪽도 ~아니다)는 or(또는 ~이다)의 부정형이고 that은 next day의 대역이다.


~이 되다  걱정하다
**Ed became worried.**

**A=B**


**He could not work.**

**A↩**


**He just waited for the cat every day.**

**A↩**


**But it never came.**

**A↩**   부정문


정오
**On the fifteenth day, Ed closed the bakery at noon.**

**A→B**

### He went outside to look for the cat.
(찾다)

A↶


### He searched around town but could not find the cat.

**but 연결문(A↶ but A→B)**    두 문장이 but으로 연결되었다. 첫 번째 문장의 B는 the cat이지만 생략되었다. 부정문인 두 번째 문장의 B 역시 the cat이기 때문이다.


### Gradually, he became very upset.
(서서히)    (걱정되는)

A=B


### He remembered how the cat was tired.

**A→B**    이 문장에서 how 이하는 '얼마나 ~했는지'라는 의미다. 여기서는 '얼마나 고양이가 지쳐 있는지'로 해석 가능하다.


### Maybe it had nothing to eat.

**A→B**    있는 그대로 직역하면 '없는 먹을 것'을 '갖고 있다'이지만 우리말로는 '먹을 것이 없다'는 의미다. to eat은 nothing의 화장문이다.


### Ed searched everywhere desperately.
(필사적으로)

**A↶ 또는 A→(B)**    이 문장에서는 search하는 대상인 the cat이 생략되었다. 따라서 이 문장은 A↶ 형태도 될 수 있

고 A→(B)형태도 될 수 있다.

**He had no luck.**
운
A→B

**The cat was nowhere.**
A↺  nowhere는 '장소'의 부록이다. 있는 그대로 해석하면 '어디에도 없는 곳'에 '있다'가 된다. 다시 말해 '어디에도 없다'는 의미다. 영어는 no와 관련된 단어의 표현방식이 매우 재미있다.

**Maybe — maybe it was already dead.**
A=B

낙담한
**Discouraged and very tired, Ed came home.**
A↺

**He was about to open the front door when he**
알아차리다  약한    울음소리
**realized a weak purr.**
A=B

**Ed looked around.**
A↺

**There was no cat around.**

**A↺**   이 문장은 원래 No cat was around there.라는 문장이지만 이야기 읽는 느낌을 살리기 위해 일부러 어순을 바꿨다.

**He went to the side of the bakery.**
**A↺**

There, beneath the pipe duct, **the cat was lying** in a small ball.
(~아래, 통풍구, 눕다)
**A↺**

**It seemed very weak.**

**A=B**   이 문장에서 It은 고양이의 대역이다.

**When it saw Ed, it started to run, but couldn't.**

**but** 연결문(**A→B** but **A↺**)   but으로 연결된 문장이다. to run은 첫 번째 문장의 조연이다. 두 번째 문장은 원래 it couldn't run으로 부정문이다.

**The big fat cat was now a small thin cat.** (마른)
**A=B**

**Ed understood why the cat was there.**
**A→B**

**It had been smelling the smell of the blueberry pie that was coming out from the pipe.**
(냄새를 맡다 / 냄새)

A→B    that 이하는 the smell of the blueberry pie의 화장문이다.

**Ed looked down at the cat.**

A↩

**The cat noticed some blueberry stains on Ed's pants.**
(얼룩)

A→B

**It started to lick the stain.**
(핥다)

A→B    to lick the stain이 조연이다.

**Ed sighed and picked up the cat.**
(한숨 쉬다 / 들어 올리다)

and 연결문(A↩ and A→B)

**It wiggled but stayed in Ed's hands.**
(버둥거리다)

but 연결문(A↩ but A↩)

**"You probably like my pie better than anyone."**
(아마)

A→B

**Ed said.**

**A**↩

**The cat purred.** (올다)

**A**↩

**Ed smiled and took the cat inside.** (데려가다)

and 연결문(**A**↩ and **A**→**B**)

**The cat was a very small and thin cat, but Ed thought it would become a big and fat cat again after maybe five or ten blueberry pies.**

but 연결문(**A**=**B** but **A**→**B**)   슬슬 이야기를 마무리하면서 긴 문장이 나왔다. 두 문장이 but으로 연결되어 있는데 두 번째 문장은 하나의 긴 문장이 통째로 조연이 되었다. 조연이 된 문장을 색깔별로 구분하면 다음과 같다. It would become a big and fat cat again after maybe five or ten blueberry pies. 그러나 어디까지나 이 문장 전체가 하나의 조연이다. that 이하의 문장이 조연으로 등장하는 경우가 있었다. 이 문장은 that이 생략된 형태다. 원래는 다음과 같은 문장이었다.

Ed thought (that) it would~.

**And a new home.**

(**A**→)**B** 드디어 마지막 문장이다. 이 문장은 조금 어렵다. 바로

앞 문장의 조연인 It would become a big and fat cat again after maybe five or ten blueberry pies. 의 마지막에 and a new home이라고 써야 할 문장을 따로 떼어 써서 a new home을 최대한 강조하고 있다. 즉 '새로운 집에서 다섯 개나 열 개쯤 블루베리 파이를 먹고 나면 어느새 크고 뚱뚱한 고양이로 돌아갈 것이다' 라는 의미다.

다음 이야기는 조금 무서운 내용이다. 영어 문장도 지금까지 읽어왔던 수준보다 조금 어려워진다. 물론 어디까지나 기본형의 응용에 지나지 않지만, 새로운 형태와 복잡한 문장도 종종 등장한다. 만약 이해할 수 없다면 그런 부분은 과감히 건너뛰어도 상관없다. 부디 용기를 잃지 말고 자신 있게 읽어나가길 바란다.

> **THE RED BOOK** : a horror story for beginners
> by Teddy Mukoyama

Every town has a used bookstore.〔헌책방〕 The store is always small, dark and old. It has many damp〔습기 찬〕 rooms and shelves.〔책장〕 Most of the books are as old as the store. Some are older.

And in one dark corner of the store, there is an even darker and older shelf. There are not many books on that shelf. Most of them are old children's books that were sold to the store a long time ago. Books like *Robinson Crusoe*, *Alice in Wonderland*, *Robin Hood*, and *Black Beauty*. Children's books that were read by children who died a long time ago. Books that will probably never be read by anyone again.

On the bottom shelf, in the right corner, there is one book with no title. It has no author's name, either. Nor〔or의 부정형〕

any publisher's name. The cover is red, and the book is very heavy. Even the store attendants have forgotten about this book. Nobody remembers that it exists.

The used bookstore in Everville was planning to close forever. On the store's last day, a man by the name of Timothy Brians came to the store. The store was holding a big discount sale. All books were 20% off. Brians was poor but he liked books. This was a good chance to buy some.

He had selected ten books when he found the red book. He picked it up carefully. He could not find a title. Brians thought maybe the cover had been torn and somebody had repaired it with red paper. But the red cover seemed like the original cover. Brians started to read the first page. It was a ghost story. A story of a woman ghost who lived in books. The writing was very strange. It was English, but it seemed wrong. Brians didn't know why. It just seemed wrong.

Brians almost put down the red book. But he could not. His curiosity wanted to know more. So Brians took the red book with him to the cashier. The attendant could not find a price, so he gave Brians the book for free.

That night, Brians started reading the red book. He sat in his favorite armchair in his apartment, with a can of beer and some peanuts. The time was a little after midnight.

The story was very scary. In fact, it was horrifying. It was written very well. Brians kept wondering who the author was. He wondered if the author had written other books, too. The book was about a young woman that was murdered while she was reading a book.

A red book.

She was killed with an axe when she turned the last page. She was also poor like Brians and she too, loved books.

Brians shivered. He was pretty scared now, but he kept reading.

He could not stop. He wanted to know the ending of the story.

It was already three o'clock in the morning but Brians did not realize it. His mind was completely consumed by the story. He was reading page 127 when he suddenly thought he saw a face looking at him. He almost screamed.

Brians put down the book, and looked around the room. No one was there. He was alone. Alone with the red book. He shook his head.

Brians picked up the red book and looked around the

room once more. But before he could read one word, he saw the face again.

A woman's face.

A woman was looking at him from behind the book. He stood up and dropped the book. Again, no one was there.

Brians was wet with sweat. He was very, very scared now. The woman had been smiling. He was sure about the smile. He did not want to read the book anymore. But he had to finish. He had to know the end of the story.

Brians picked up the book again. He was sweating very hard. He started reading again. Soon, from behind the book, the face appeared for a third time. But this time, the woman was closer. She was coming closer.

And she was holding an axe.

Brians wanted to stop desperately. He wanted to throw away the book or burn it. But he could not. Not until he found out the ending.

As Brians turned each page, the woman behind the book came closer.

There was only a few pages left. The woman was very close now. He could smell her. She smelled like old books. But if Brians put the book down, no one was ever there.

At last, Brians came to the last page of the book. He thought the woman was right beside him, but when he peered behind the book, the woman had already disappeared. Brians sighed. Maybe it was just his imagination after all.

Brians realized he was sleepy. He yawned and turned the last page.

The last page had only one sentence. Brians screamed when he read it.

"The woman is behind you, Brians."

**Every town has a used bookstore**. <sup>헌책방</sup>
A→B


**The store is always small, dark and old**.
A=B


**It has many damp rooms and shelves**. <sup>습기 찬</sup> <sup>책장</sup>
A→B


**Most of the books are as old as the store**.
A=B   as the store는 old에 붙은 화장문.


**Some are older**.
A=B   Some은 Some of the books의 일부를 생략한 것이다.


**And in one dark corner of the store, there is an even darker and older shelf**.

A↶   이 문장과 다음에 나오는 두 개의 문장은 흔치 않은 형태다. 첫 번째 문장의 서두 부분인 in one dark corner of the store는 '장소'의 부록이므로 일단 제외하고 살펴보자. 부록을 제외하고 남은 there is an even darker and older shelf라는 문장은 원래 an even darker and older shelf is there라고 써야 올바른 형태다. there는 '장소'의 부록이므로 이 문장은 A↻ 형태의 문장이 된다. 주인공과 화살표의 위치를 바꾸고 there를 맨 앞으로 보내, '오래되고 거무튀튀한 책장이 그곳에 있다'는 단순한 설명투의 문장이 아닌, '그곳에는 오래되고 거무튀튀한 책장이 있었다'라는 을씨년스런 분위기를 자아내는 이야기다운 문장을 만들어냈다.

### There are not many books on that shelf.

**A↻**  이 문장도 앞 문장과 마찬가지로 일부러 주인공과 화살표의 위치를 바꾸고 there를 맨 앞으로 보냈다. 원래는 Not many books are there on that shelf.이다.

### Most of them are old children's books that were sold to the store a long time ago.

**A=B**  them은 앞 문장에 나오는 books의 대역이다. that 이하는 books에 붙는 화장문이다.

### Books like *Robinson Crusoe, Alice in Wonderland*, *Robin Hood,* and *Black Beauty*.

**(A=)B**  이 문장과 다음에 이어지는 두 문장은 모두 완전한 문장이 아니라 앞 문장 old children's books를 자세히 설명하고 있다. 즉 이들 세 문장은 어느 것이나 통째로 앞 문장의 조연과 바꾸어 쓸 수 있다. 예를 들어 앞 문장의 old children's books 대신에 이 문장을 조연으로 넣

어보면 Most of them are books like *Robinson Crusoe*, *Alice in Wonderland*, *Robin Hood*, and *Black Beauty*.가 된다.

## **Children's books that were read by children who died a long time ago**.

(**A**=)**B**  that 이하는 books에 붙는 화장문이다.

## **Books that will probably never be read by anyone again**.

(**A**=)**B**  마찬가지로 that 이하는 books에 붙는 화장문이다.

## **On the bottom shelf, in the right corner, there is one book with no title**.

**A**↶   이번에도 there의 자리가 바뀌었다. with no title은 book에 붙는 화장문이다.

## **It has no author's name**, either.

**A**→**B**   It은 book with no title의 대역이다.

<sub>or의 부정형</sub>    <sub>출판사</sub>
## **Nor any publisher's name**.

(**A**→)**B**  The Big Fat Cat 이야기에도 나왔던 or의 부정 nor(어느 쪽도 ~가 없다)이다. 원래는 앞 문장의 뒤에 붙여서, It has no author's name nor any publisher's name. 이라고 해야 하지만 강조하기 위해 따로 떼어 썼다.

**The cover is red, and the book is very heavy.**

and 연결문(A=B and A=B)

**Even the store attendants have forgotten about this book.**
점원

A→B

**Nobody remembers that it exists.**
존재하다

A→B    that 이하의 문장인 that it exists가 통째로 조연이다.

**The used bookstore in Everville was planning to close forever.**
계획하다

A→B    Everville은 마을의 이름.

**On the store's last day, a man by the name of Timothy Brians came to the store.**

A↩

**The store was holding a big discount sale.**
할인

A→B    할인 판매 등의 행사를 개최한다고 할 때는 hold를 쓴다.

**All books were 20% off.**

A=B

**Brians was poor but he liked books.**
(가난한)

but 연결문(**A**=**B** but **A**→**B**)


**This was a good chance to buy some.**

**A**=**B**　　This는 discount sale의 대역이다. to buy some은 chance의 화장문이다.


**He had selected ten books when he found the red book.**
(선택하다)

**A**→**B**


**He picked it up carefully.**
(pick up = 집다)

**A**→**B**　　it은 red book의 대역이다. 원래 문장은 He picked up the red book carefully.이다.


**He could not find a title.**

**A**→**B**


**Brians thought maybe the cover had been torn and somebody had repaired it with red paper.**
(찢다)
(수리하다)

**A**→**B**　　maybe 이하의 긴 and 연결문(**A**↩ and **A**→**B**)이 조연이다. 조연이 된 문장을 색깔별로 구분하면 다음과 같다. The cover had been torn and somebody had repaired it with red paper. Brians는 이 한 문장을 thought한 것이다.

**But the red cover seemed like the original cover.**
A=B


**Brians started to read the first page.**
A→B


**It was a ghost story.**
A=B


**A story of a woman ghost who lived in books.**
(A=)B  불완전한 문장으로 앞에서 언급한 story를 자세히 설명하고 있다. who 이하는 ghost의 화장문이다.


**The writing was very strange.** (이상한)
A=B


**It was English, but it seemed wrong.** (~으로 보이다)
but 연결문(A=B but A=B)    seemed wrong은 '틀린 것으로 보였다'라는 뜻보다는 '뭔가 이상했다'라는 의미가 더 강하다.


**Brians didn't know why.**
A→B

**It just seemed wrong.**

**A**=**B**


**Brians almost put down the red book.**

**A**→**B**


**But he could not.**

**A**→(**B**) But 이하의 문장은 원래 he could not put down the red book 이지만 put down 이하가 생략되었다.


호기심
**His curiosity wanted to know more.**

**A**→**B**   이 문장에서 주인공은 Brians가 아니라 그(Brians)의 '호기심'이다.


**So Brians took the red book with him to the cashier.**
출납원

**A**→**B**


가격
**The attendant could not find a price, so he gave Brians the book for free.**
무료로

**so** 연결문(**A**→**B so A**→**B**/**B'**)   so 다음에 나오는 문장은 기본형의 응용인 A→B/B' 형태다. he는 앞 문장의 attendant를 가리킨다. 이 he에서 뻗어나온 화살표 gave는 Brians를 향하고 있는 동시에 the book을 향하고 있다. 그러므로 'Brians에게 주었다'는 의미도 되

138

고 'the book을 주었다'는 의미도 된다. 다시 말해 'He 가 Brians에게 the book을 주었다'라고 해석할 수 있다.

**That night, Brians started reading the red book.**

A→B   ~ing 이하는 '~하는 일'이라는 의미다.

**He sat in his favorite armchair in his apartment, with a can of beer and some peanuts.**
<small>안락의자</small>

A↩   문장의 길이는 길지만 핵심이 되는 부분은 He sat뿐이다. 그 다음은 긴 부록으로 '장소'와 '어떻게'의 부록에 해당한다.

**The time was a little after midnight.**
<small>자정</small>

A=B   The time 대신에 It을 써서 It was a little after midnight.으로 쓸 수도 있다. 앞에서 말한 대로 '시간'이나 '날씨'를 나타낼 때는 보통 it을 쓴다. 이때의 it은 대역이 아니라 엄연한 주인공이다.

**The story was very scary.**

A=B

**In fact, it was horrifying.**
<small>사실은   소름끼치게 하다</small>

A=B   it은 앞 문장에 나온 story의 대역이다.

**It was written very well.**

A↶  이 문장 역시 It은 story의 대역이다.

계속하다  궁금해하다                                       작가
**Brians kept wondering who the author was.**

A→B  화살표가 kept이다. who 이하는 wondering을 꾸며주는 화장문이다.

**He wondered if the author had written other books, too.**

A→B  if로 시작하는 문장은 '~인지 어떤지'라는 의미다. 이 문장에서는 '이 작가가 다른 책을 썼는지 안 썼는지'를 Brians가 wonder하고 있다.

**The book was about a young woman that**
살해 당하다
**was murdered while she was reading a book.**

A=B  that 이하는 woman에 붙는 화장문이다.

**A red book.**

앞 문장의 a book을 다른 말로 바꾸어 보충 설명하는 불완전한 문장이다.

도끼
**She was killed with an axe when she turned the last page.**

A↶

**She was also poor like Brians and she too, loved books.**

and 연결문(**A**=**B** and **A**→**B**)   두 번째 문장은 원래 She loved books, too.이지만, 문장을 too로 끝내면 흔한 표현이 된다. 게다가 '살해 당한 여자도 Brians와 마찬가지로 책을 좋아했다'라는 공포감이 떨어지는 문장이 되어버린다. 그래서 too를 먼저 써서 뒤의 loved books를 강조한 것이다.

오싹하다
**Brians shivered.**
**A**↩

상당히
**He was pretty scared now, but he kept reading.**

but 연결문(**A**=**B** but **A**→**B**)   reading은 ~ing로 '~하는 일'이라는 의미다.

**He could not stop.**
**A**↩

**He wanted to know the ending of the story.**
**A**→**B**

**It was already three o'clock in the morning but Brians did not realize it.**

but 연결문(**A**=**B** but **A**→**B**)   시간을 나타내는 문장이므로 It

은 어떤 대역도 아닌 주인공이다. 마지막 it은 앞 부분 전체를 의미하는 대역으로 '이미 오전 세 시라는 사실'을 의미한다.

**His mind was completely consumed by the story.**
완전히 / 열중하다

**A↻**   was consumed가 화살표이다.

**He was reading page 127 when he suddenly thought he saw a face looking at him.**
갑자기

**A→B**   when 이하는 '누군가 자신을 뚫어지게 바라보는 듯한 느낌이 들었다'는 의미로 '시간'의 부록이다.

**He almost screamed.**
소리 지르다

**A↻**

**Brians put down the book, and looked around the room.**
내려놓다

and 연결문(**A→B** and **A↻**)

**No one was there.**

**A↻**

**He was alone.**

**A=B**

**Alone with the red book.**

(**A**=)**B**   원래 이 문장은 앞 문장에 붙여서 He was alone with the red book.이라고 써야 하지만 강조하기 위해서 따로 떼어 썼다. 또한 alone의 의미를 돋보이게 하기 위해 일부러 두 번이나 썼다.

**He shook his head.**
(흔들다)

**A→B**

**Brians picked up the red book and looked around the room once more.**

and 연결문(**A→B** and **A↩**)

**But before he could read one word, he saw the face again.**

**A→B**

**A woman's face.**

(**A→**)**B**   불완전한 문장이 다시 나왔다. 앞 문장의 the face를 보충 설명한다.

**A woman was looking at him from behind the book.**

**A↩**   was looking이 화살표이다.

**He stood up and dropped the book.**
and 연결문(A↺  and A→B)


**Again, no one was there.**
A↺


**Brians was wet with sweat.** (땀)
A=B


**He was very, very scared now.**
A=B


**The woman had been smiling.**
A↺


**He was sure about the smile.** (확실한)
A=B


**He did not want to read the book anymore.**
A→B


**But he had to finish.**
A→(B)  원래는 He had to finish the book.이라는 문장이다.

**He had to know the end of the story**.
A→B

**Brians picked up the book** again.
A→B

**He was sweating** very hard.
A↩

**He started reading** again.
A→B

Soon, from behind the book, **the face appeared**^(나타나다) for a third^(세 번째) time.
A↩

But this time, **the woman was closer**.
A=B

**She was coming closer**.
A=B

And **she was holding an axe**.
A→B

**Brians wanted to stop desperately.**
(절실히)

A→B

**He wanted to throw away the book or burn it.**
(버리다) (태우다)

A→B 언뜻 보면 or 연결문처럼 보이지만 to 이하 전체가 조연이다.

**But he could not.**

A→(B) 원래는 He could not throw away the book or burn it.이라는 문장이다.

**Not until he found out the ending.**
(알아내다)

(A→B) 앞 문장의 일부를 따로 떼어 쓴 문장으로 시간의 부록이다. 원래는 But he could not (throw away the book or burn it) until he found out the ending.이라는 문장이다.

**As Brians turned each page,**
(넘기다)
**the woman behind the book came closer.**

A=B

**There was only a few pages left.**

A↩ 이전에 나온 문장과 마찬가지로 주인공과 화살표가 바뀌어 there가 문장의 첫머리에 오는 문장이다.

**The woman was very close now.**

A=B


냄새를 맡다
**He could smell her.**

A→B


**She smelled like old books.**

A↺


**But if Brians put the book down, no one was ever there.**

A↺    앞에서 소개하지 못했지만 이 문장도 기본형을 응용해서 '만약'의 상황을 나타내고 있다. if로 시작되는 전반부가 '만약 ~라면'이라는 의미로 '조건'이 되고, 그 조건이 충족되면 문장 뒷부분의 동작이 일어난다는 형태이다. 이 문장에서는 'Brians가 책을 내려놓는 일'이 조건이 되고, 그 조건대로 하면 후반부의 '그곳에는 아무도 없다'는 상황이 발생한다는 의미다.


마침내
**At last, Brians came to the last page of the book.**

A↺

He thought the woman was right beside him,
but when he peered behind the book,
the woman had already disappeared.

but 연결문(A→B but A⤺)　but 이하의 문장 뒷부분에서는
had disappeared가 화살표이다.

Brians sighed.

A⤺

Maybe it was just his imagination after all.

A=B

Brians realized he was sleepy.

A→B

He yawned and turned the last page.

and 연결문(A⤺ and A→B)

The last page had only one sentence.

A→B

Brians screamed when he read it.

A⤺

**"The woman is behind you, Brians."**
(뒤에)

A ↩

이것으로 이야기는 끝이 났지만 가능하면 다른 영어책을 읽어보기 전에 모르는 부분이 한 군데도 없을 때까지 몇 번이고 반복해서 읽어보길 바란다. 새로운 책을 연달아 읽기보다는 같은 책을 여러 번 반복해서 읽는 편이 빠르게 실력을 향상시키는 데 도움이 된다.

이번 장에 실린 두 편의 이야기에는 영어 문장에서 흔히 사용되는 대부분의 형태들이 나왔다. 여러 번 반복해서 읽으며 머릿속을 정리한 후 다음 단계로 나아가길 강력히 권한다.

# 응용편

조금 틀린 곳이 있더라도 그럭저럭 읽을 수 있는 사람은
실천 편(77쪽)을 다시 한 번 읽고 나서
**12장(152쪽)으로 넘어가주세요.**

하지만 전혀 이해하지 못한 사람은
**5장(42쪽)부터 다시 한 번 읽어보면서**
**복습을 해주세요.**

대체로 수월하게 읽을 수 있는 사람은
**이대로 페이지를 넘겨도 좋습니다.**

# 12장

# 특별한 화장품

이 책은 영어의 기본을 익히는 책이지만 지금부터 다룰 내용은 기본 영역에서 약간 벗어난 내용이다.

만약 실천 편(9장~11장)의 내용을 미처 끝내지 못한 경우에는 혼란을 가져올 수도 있으니 이대로 넘어가기보다는 실천 편부터 차근차근 다시 읽어보기를 권한다. 다만 이번 장에서 다룰 '특별한 화장품'과 다음 장에서 다룰 '접착제'라고 불리는 단어들은 사실 그리 중요하지는 않다. 이보다는 영어 문장을 읽고 전체적인 내용을 이해하는 것이 더 중요하다.

## 해석이 불가능한 단어

예를 들어 이번 장에서 다룰 단어인 **a**와 **the**의 차이를 구분하지 못한다고 해도 해석하는 데는 별 문제가 없다. **a**나 **the**가 배우의 앞에 붙었을 때 강조하는 정도가 달라지는 것뿐이다.

**A cat was sleeping on the floor.**
**The cat was sleeping on the floor.**

앞의 두 문장은 기본적으로 양쪽 다 '고양이는 마룻바닥에서 자고 있었다'라고 해석된다. 굳이 차이점을 말하자면 아래 문장의 고양이 앞에 '그'를 붙인 정도다.

하지만 영어를 우리말로 해석하지 않고 영어 그 자체로 받아들이는 경우 **a**와 **the**는 뉘앙스에 결정적인 차이가 있다.

우리나라 사람이 영어를 읽거나 들을 때 미묘한 뉘앙스의 차이를 파악하지 못해서 쩔쩔매는 주된 이유는 '특별한 화장품'과 '접착제'에 담긴 깊은 의미를 파악하지 못하고, 일대일로 영어 단어를 우리말에 대응시켜 단순히 한 단어로 해석하려고 하기 때문이다. **이번 장과 다음 장에서 다루는 단어들은 모두 기본적으로 우리말로는 정확한 해석이 불가능한 단어들이다.**

'특별한 화장품'과 '접착제'가 지닌 의미는 결코 한 단어로는 표현할 수 없다. 따라서 **the**를 기계적으로 '그'라고 해석하거나 접착제 **on**을 무조건 '~ 위에'라고 해석하는 것은 근본적으로 문제가 있다. **a**는 **a** 자체로, **the**는 **the** 자체로 이해하는 수밖에 없다. **a**와 **the**를 굳이 살려서 해석한다면 '**a** 고양이는 마룻바닥에서 자고 있었다', '**the** 고양이는 마룻바닥에서 자고 있었다'와 같이 기호처럼 그대로 붙여서 풀이하는 편이 가장 정확한 방법이다.

사실 12장과 13장에서 다룰 단어들은 단어라기보다는 기호에 가까운 의미를 지닌다.

간단한 영어 문장을 무리 없이 읽어내고 의미를 파악할 수 있다면 섣불리 어려운 단계로 올라가기보다는 수준에 맞는 영어 문장을 반복해서 읽으면서 미묘한 뉘앙스까지 이해할 수 있도록 노력하는 편이 실력 향상에 더 큰 도움이 된다. 이번 장에서 다룰 특별한 화장품과 다음 장에서 다룰 접착제는 단독으로 쓰일 때는 별 의미가 없지만 다른 단어와 함께 쓰여 뉘앙스 차이를 표현하는 중요한 단어들이다.

## 스포트라이트의 차이

그럼 우선 이번 장에서는 '특별한 화장품'인 **a**(이어지는 단어의 머리글자가 모음일 때는 **an**이 된다)와 **the**에 대해서 살펴보자.

우리의 영어 교육에서는 **a**와 **the**를 단순히 '배우'에 따라붙는 덤으로 보고, 해석할 때 그다지 주의를 기울이지 않는다. 문을 열기 전의 노크처럼 형식적인 의미만 지닌 단어로 여긴다.

예를 들어 **the table**이라는 두 단어의 조합을 생각할 때 우리나라 영어 교육에서는 **table**이 중요하고 **the**는 관용적으로 따라붙는 부속품 정도로 여긴다. 그러나 **the table**에서 중요한 의미를 지닌 단어는 **table**보다는 오히려 **the**다.

지금까지 설명했듯이 영어는 기본적으로 중요한 순서대로 나열하는 경향이 있다. 부록이라도 강조하고 싶은 단어는 문장 앞머리에 나오는 것이 그 좋은 예다. 그러니 **the table**에서 **the**가 뒤에 있는 배우 **table**보다 뭔가 더 중요한 의미를 가진다는 것을 짐작할 수 있다.

**a**와 **the**를 구분해서 쓰는 방법은 이 주제만으로 책을 몇 권이나 쓸 수 있을 만큼 복잡하다. 미국인 중에서도 명확하게 그 차이를 설명할 수 있는 사람은 언어학을 제대로 공부한 사람 정도일 것이다. 영어를 모국어로 쓰는 대부분의 사람들은 경험을 통해 몸에 밴 감각으로 **a**와 **the**를 구분한다.

이 책의 첫 번째 목표를 영어 읽기로 잡고 있는 만큼 상세한 설명은 신지 않았다. 영어 문장을 제대로 읽으려면 단어의 쓰임을 정확히 구분하는 것보다는 어떤 단어가 나왔을 때 '이미지'를 정확히 떠올릴 수 있느냐가 중요하므로 지금부터 **a**와 **the**의 대략적인 이미지를 설명하고자 한다.

일반적으로 **a**는 '처음 나오는' 단어에 붙고 **the**는 '이미 나온' 단어에 붙는다고 설명하지만, 이 설명은 간추리고 간추린 끝에 나온 궁여지책에 불과하다. **a**와 **the**는 스포트라이트와 같다. 즉 **a**와 **the**에 이어서 나오는 단어에 스포트라이트를 비추는 것이라고 이해하면 된다.

만약 **a**를 그림으로 표현한다면 다음과 같은 스포트라이트다.

이에 반해 **the**를 그림으로 표현한다면 아래와 같다.

**a**는 군중 속에서 하나의 물체나 생물에 비추는 한줄기 스포트라

이트 같은 느낌이다. 동시에 고립되어 홀로 어둠 속에 남겨진 이미지를 가진다. 일종의 적막감을 수반한 단어다.

반면 **the**는 사방에서 스포트라이트가 하나의 물체나 생물을 비추고, 주변에는 그 광경을 보고 박수치는 관객이 가득한 느낌이다. 팡파르가 울려 퍼지고 '**the**의 등장입니다!'라는 인사와 함께 화려하게 등장하는 이미지다. 그러므로 고립감이 강한 느낌의 **a**와는 결정적인 차이가 있다.

따라서 **a**와 **the**는 같은 개체를 비춘다고 해도 방식이 전혀 다르다. **a**는 고아인 성냥팔이 소녀가 눈 속에서 성냥을 켜고 있을 때 위에서 스포트라이트가 한줄기 빛을 비추는 느낌인 데 반해, **the**는 007시리즈의 초반부에 제임스 본드가 사방에서 비추는 스포트라이트를 받으며 멋지게 등장하는 장면 같은 느낌이다.

영화 제목을 예로 들어 **a**와 **the**의 차이를 구체적으로 살펴보자.

**A Small Town**

과

**The Small Town**

이라는 두 영화가 있다면 양쪽 다 우리말 해석은 '작은 마을'이 되지만, 만약 미국인이 제목만으로 영화를 판단한다면, **A Small Town**은 '평화로운 작은 시골 마을을 배경으로 펼쳐지는 다양한 사람들의 이야기'를 그린 작품이라는 느낌을 받지만, **The Small Town**은 '미지의 격리된 마을에서 일어나는 공포 이야기'를 다룬 작품이라는 느낌을 받는다. 제목을 토대로 포스터를 만들면 다음과 같은 느낌일 것이다.

## 12장 ● 특별한 화장품

이렇게 a와 the는 그 자체만으로 단어와 문장의 이미지까지 바꿀 수 있는 영어 문장 중에서도 가장 강력한 단어다. a와 the를 제대로 구분해서 쓰기만 해도 다양하고 미묘한 뉘앙스를 표현할 수 있다.

만약 여성이 **You're just a man.**이라고 말한다면 '넌 그냥 아는 남자일 뿐이야'라는 의미가 되지만 **You're just the man.**이라고 말한다면 그 순간 '오직 너뿐이야'라는 의미로 바뀌어버린다. 치명적이라고 할 만한 이 차이가 단순히 a와 the의 쓰임에서 비롯된 것이다. 따라서 a와 the는 단순한 꾸밈말이 아니라 한 배우를 다른 배우와 확연히 구분 짓는 '특별한 화장품'이며 결코 우리말로는 해석할 수 없는 특별한 단어인 것이다.

### 12장의 요점

- 미묘한 뉘앙스를 표현하기 위해서 a와 the의 이미지를 파악하자.
- a가 캄캄한 무대에 비추는 한줄기 스포트라이트라면, the는 사방에서 쏟아지는 화려한 스포트라이트다.

# 13장

# 접착제

## 접착제의 역할

'특별한 화장품'과 더불어 영어에서 가장 깊은 의미를 지닌 단어 군이 **at**, **in**, **on**과 같은 이 책에서 '접착제'라고 부르는 것들이다. '접착제'라고 부르는 이유는 문자 그대로, 배우를 중심으로 하나의 말뭉치가 된 어구의 첫머리에 붙어서 앞의 어구와 '접착'하기 때문이다.

예를 들어 **Ed is looking in the window.**라는 문장이 있을 때, 접착제는 **the window**와 같이 배우를 중심으로 한 덩어리가 된 어구의 첫머리에 붙어서 **in the window**라고 쓰이며, 접착제 **in**은 **Ed is looking**과 **the window**를 한 문장으로 이어주는 역할을 한다.

어떤 '접착제'든 뒤에 오는 배우와 반드시 한 쌍이 되며, 그 배우와 붙여 써야 비로소 의미 있는 표현이 된다.

접착제가 붙으면 배우의 역할이 미묘하게 바뀌어 배우 혼자서는 표현하기 힘든 깊이 있는 의미를 단어에 부여한다. 배우에게 깊이를 부여한다는 점이 단순히 배우에게 상세한 설명을 덧붙이는 '화장품'과 구별되는 특징이다. 즉 접착제는 단어의 의미 자체를 근본적으로 바꿔버리는 매우 영향력이 큰 단어다.

또한 접착제는 어떤 단어와 접착하느냐에 따라 매번 역할이 미묘하게 달라지기 때문에 '특별한 화장품'과 마찬가지로 해석하기가 매우 어렵다.

학교에서 영어를 배운 적이 있다면 '그래도 해석은 가능하잖아?'라고 생각할지도 모른다. 예컨대 우리나라 학생들에게 **on**이라는 단어의 뜻을 물어보면 백발백중 '~ 위에'라고 대답할 것이다. 그 이유는 짐작하건대 처음 **on**을 배울 때 **on the table**과 같은 예문을 통해서 의미를 암기한 탓이다.

하지만 만약 **on**이 정말로 '~ 위에'라면, 왜 전기 스위치 '점등'을 **ON**으로 표현할까? 대체 이 경우는 '무엇의 위'에 놓여 있는 것일까?

컵 받침에 컵을 올려놓은 경우, 분명히 **on**은 '~ 위에'에 해당한다. 즉 컵 받침 위에 컵을 올려놓은 것이다. 하지만 컵을 들어올렸는데도 컵 바닥에 물기가 있어서 컵 받침이 달라붙어 있는 경우도 '**on**'하고 있다고 표현한다. 컵 받침 '위에' 컵을 올려놓지 않았더라도 컵에 컵 받침이 '닿아 있으면' **on**이라는 표현을 쓸 수 있다. 또한 컴퓨터로 원고를 작성하는 경우에도 영어로는 **write on the computer**라고 표현한다. 만약 '~의 위에'라고 해석한다면 마치 누군가 컴퓨터에 걸터앉아 뭔가를 쓰고 있는 듯한 느낌이다.

사실 **on**이란 단어의 뜻은 '~ 위에'가 아니다. 앞에서도 썼듯이 확실한 해석을 하기란 불가능하다. 하지만 조금이라도 정확하게 표현하자면 '접촉하고 있다'는 해석이 적절하다. **on the table**은 '테이블에 접촉하고 있다', 전기 스위치는 '전기 기구의 단자에

접촉하고 있는 상태'이다. 컵 받침도 컵에 접촉하고 있고, 인간은 컴퓨터에 접촉해서 키보드를 치고 있다는 의미인 것이다.

많은 사람이 **on**을 '~의 위에'나 '~ 위에 접촉한 상태'라는 이미지로 받아들이는 이유는 단순히 지구상에 중력이 있기 때문이다. 중력의 힘에 의해 '접촉한' 경우는 주로 이미 놓여 있었던 물체나 생물의 위에 접촉하게 마련이다.

단, 이 '접촉하고 있다'는 해석도 실제로는 **on**이 지닌 뉘앙스를 온전히 표현하지는 못한다. 더 정확하게 **on**을 표현하려면 다양한 예들을 통해 이해하거나 만국 공통어인 '이미지'로 표현하는 길밖에 없다.

예컨대 **on time**이라는 표현이 있다. **on time**은 '제때에'라는 의미로, 언뜻 생각하면 어떤 것에도 '접촉'하고 있지 않은 듯하다. 그러나 인간의 사고 속에서 시간이란 '현재'라는 시간이 '미래'를 향해 나아가고 있는 상태이므로, 끊임없이 미래로 향하는 현재에 접촉하고 있는 셈이다. 따라서 '제때에'라는 의미를 영어로 나타낼 때 **on**을 써서 **on time**이라고 표현한다. 즉 **on time**에는 '정해놓은 그 시각'이라는 이미지가 있고 이 표현을 보면 영어권 사람들의 시간에 대한 감각이 잘 전달된다. 이러한 미묘한 차이가 문장이 지닌 '뉘앙스'다.

이 책의 마지막 장인 13장에서는 '접착제' 중 가장 자주 사용되면서도 그 의미가 막연한 것들을 골라 한 장의 그림으로 이미지를 표현해보았다.

그리고 이 책의 마지막 부분에는 이 책에서 언급한 접착제들을 한 장의 책갈피에 모아두었으니 영어책을 읽다가 막힐 때 활용해보기 바란다. '문장의 구조'를 알면 문장을 이해할 때 도움이 된다. 그리고 '접착제'를 제대로 이해하면 영어를 잘 읽을 수 있는 '무기'를 가진 셈이 된다.

여러분이 가장 까다롭게 여기는 영어의 두 요소가 이 '접착제'와 12장에서 나온 '특별한 화장품'일 것이다. 만약 영어에 자신이 없다면 빨리 자신감을 얻기 위해서 역으로 먼저 이 두 가지를 철저히 연구해보는 것도 바람직하다. 이 두 가지 항목에 대해서는 대학교수들도 학술논문에서 종종 틀릴 정도로 까다롭다. 어느 정도 자신감을 가지고 접착제를 사용할 수 있게 된다면 어느 누구에게도 지지 않는 무기가 될 것이다.

그렇다면 구체적으로 '접착제'를 하나씩 살펴보자. 접착제는 각각 '시간', '장소', '기타'의 세 가지로 구분되어 있다. ➡ 표시가 붙어 있는 경우 그 접착제와 밀접한 관련이 있는 다른 접착제를 참조해보라는 의미다. 이 밖에도 **above**, **below**, **under**, **through**, **beside**, **beneath** 등 여러 가지가 있지만 이중에서도 다양한 의미를 지닌 까다로운 접착제는 앞으로 중점적으로 소개할 일곱 가지이다. 이 일곱 가지 외에는 일반적인 단어처럼 받아들여도 별 문제는 없다.

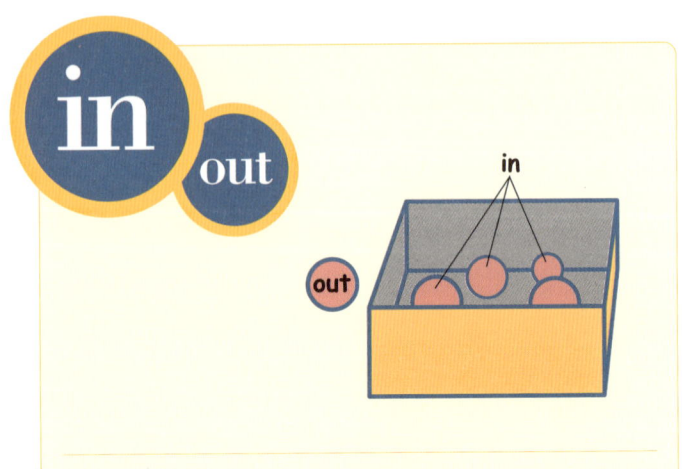

'포함'의 접착제. 어떤 일정한 테두리를 정하고 그 안에 있는 경우에는 **in**, 그 안에 없는 경우는 **out**이다. 안과 밖을 구분 짓는 테두리가 무엇인지 파악하면 의미를 바로 이해할 수 있다. 위 그림에서 테두리는 상자다. 비교적 정지되어 있는 느낌을 주는 조용한 접착제다.

### 시간

**Ed's bakery will open in August.**

**in August** ➡ of
예문에서는 다가올 '8월'이 테두리가 되고 그 안에 '개점한다'는 의미다.

**in the morning** ➡ at night
여기서 in the morning은 '오전 중'이라는 의미로 어느 한순간을 말하는 것이 아니다.

**in time** ➡ on / at
해석하면 '조만간'이라는 뜻이 된다. '어떤 일정한 시간 내에서'라는 의미로 테두리를 가정하고 그 안에 하겠다는 의미. 다시 말해 '머지않아', '앞으로 곧'이라는 의미다.

**장소**

### The cat is in the train.

**in Kyoto** ➡ on/at/to/by/of

테두리는 교토시로, 교토 시내에 있는 경우를 가리킨다.

**in the house** ➡ on/to

in이라면 보통 집 안을 의미한다. 그럼 on the house는 집 어디를 말하는 걸까? 164쪽의 on의 설명을 살펴보고 생각해보자.

**in the train** ➡ on/at/of

테두리가 열차이므로 열차를 타고 있다는 의미다. on the train 또한 같은 뜻으로 해석된다. 그럼 이 두 가지는 어떻게 다를까? 164쪽의 on의 설명을 살펴보고 생각해보자.

 **기타**

### Ed is looking in the window.

**in pain**

pain(고통) 속에 있다는 의미로 '아프다'라는 뜻이다.

**in a coat**

'코트를 입고 있다'는 의미지만 단순히 wear a coat라고 할 때보다 코트를 테두리로 봄으로써, '코트 덕분에 보호받고 있다'는 느낌을 강조하고 있다.

**in the window** ➡ at

테두리는 창이다. 그 '안'을 본다는 말은 창 안쪽을 들여다본다는 말이다. 그럼 at the window는? 166쪽의 at의 설명을 살펴보고 생각해보자.

# on / off

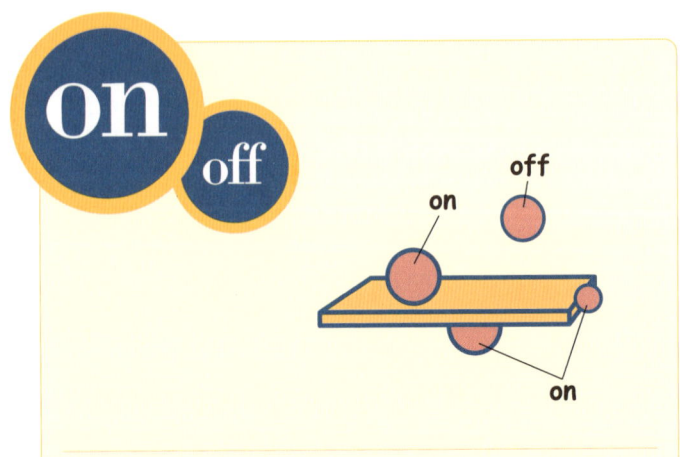

'접촉'의 접착제. 어느 일정한 기반이나 기준을 정하고, 그에 접촉한 상태를 on, 접촉하지 않은 상태를 off라고 한다. 위 그림에서 판자는 기반에 해당되고, 붙어 있는 구슬은 모두 on하고 있는 상태. 역동적인 이미지가 있는 활발한 접착제다. 움직이는 것에 '타고 있다'는 느낌을 준다.

### 시간

**Ed's bakery is open on Sunday.**

#### on Sunday
요일에는 관례상 주로 on을 쓴다. 일요일에 접촉할 경우 가게문이 열린다고 생각하면 이해하기 쉽다. 즉 일요일에도 가게문을 연다는 의미다.

#### on a beautiful day
'아름다운 날에'라는 뜻이다. beautiful day라는 특별한 날에 '접촉해 있는 동안'을 말하므로 특별한 하루 전체를 가리킨다. 특정한 날에는 주로 on을 쓴다.

#### on time ➡ in / at
'정해진 그 시간'에 '접촉한다'이므로 '제때에'라는 의미다.

### The cat is on the train.

**on Kyoto** ➡ in / at / to / by / of

'교토에 대해서'라는 의미다. 교토는 도시이므로 교토 전체에 접촉하거나 올라탈 수는 없다. 따라서 정신적으로 교토와 '접촉하고 있다'는 사실을 나타낸다. 그러므로 books on Kyoto라고 하면 '교토에 관한 책'이라는 의미가 된다.

**on the house** ➡ in / at

집의 외벽이나 지붕 어딘가에 붙어 있는 상태를 의미한다.

**on the train** ➡ in / at / of

on the train과 in the train의 가장 큰 차이점은 열차가 움직이고 있다는 점이다. on을 쓰면 열차가 움직여도 '계속 접촉'하고 있기 때문에 고양이도 함께 움직이는 상황이 된다. 즉 열차에 '타고 있다'는 의미가 된다.

### 기타

### Ed is on medication.

**on medication**

on의 느낌을 살려 해석하면 약에 '접촉하고 있다'가 된다. 즉 '약을 복용하고 있다'는 의미다.

**on a vacation**

'휴가 중'이라는 의미다. vacation(휴가)이라는 시간에 '접촉'한 것일 수도 있고, 휴가 중에 차를 타고 여행하고 있다고 생각할 수도 있다. 어쨌거나 vacation에 접촉하고 있는 상태다.

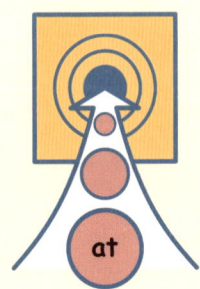

'표적'의 접착제. 일정한 범위 안에 있는 특정한 점을 겨냥해서 뾰족한 것으로 공격하는 느낌의 접착제다. **to**가 막연하게 방향을 가리키는 데 반해 **at**은 장소를 구체적으로 한정한다. 대체로 주인공의 적극적인 의사가 담겨 있는 점도 특징이다.

### 시간

**Ed's bakery will close at 5:00 p.m.**

`at 5:00 p.m.` ➡ **to**
5시라는 한 점을 겨냥하고 있으므로 at을 쓴다. 분 단위 시간에는 주로 at이 붙는다.

`at night` ➡ **in the morning**
morning이 in인 데 반해 night가 at인 이유는 밤에는 보통 활동하지 않고 잠을 자므로, 밤을 특정한 '한순간'이라고 여기기 때문이다. 밤에 돌아다니는 경우에는 in the night라고 할 수도 있다.

`at the time` ➡ **on / at**
the는 앞에서 이미 말했듯이 '어떤 특정한 시간'에 붙는다(12장 참조). 여기에서는 '그 시간에'라는 의미가 된다.

**장소**

### Ed threw a pie at the cat.

**at Kyoto** ➡ in / on / to / by / of
in과 다른 점은 교토를 일본 내의 한 점으로서 매우 작은 범위로 보고 있다는 것이다. '교토에서 지도자 회의가 열리고 있다'와 같이 범위를 구체적으로 한정할 때 사용한다.

**at the cat** ➡ of
고양이라는 작은 대상을 향해 파이를 던진 에드. 결과적으로는 at the house에······.

**at the train** ➡ in / on / of
train을 탈것이 아닌 하나의 표적으로 보고 있다. '열차를 향해 사이렌을 울렸다'와 같이 구체적으로 대상을 지정할 때 사용한다.

**기타**

### Ed is looking at the window.

**at once**
once는 '한 번'이라는 의미다. at once를 문자 그대로 해석하면 '한 번에'가 되지만 관용 표현으로 '곧', '즉시'라는 의미로 쓰인다.

**at the window** ➡ in
in the window는 창 안쪽을 본다는 의미지만 at을 사용하면 창 자체가 대상이 되므로 예문은 '에드는 창 자체를 보고 있다'는 의미가 된다.

# to

'목표'의 접착제. 어떤 일정한 범위를 정하고, 그 방향을 목표로 진행하는 경우에 to를 쓴다. 세세한 동작보다는 대략적인 움직임을 표현하는 접착제다. 특수한 용법으로 등장했을 때는 작은 오른쪽 화살표(동작)라고 해석하면 이해하기 쉽다.

### 시간

**Ed's bakery is open from 9 a.m. to 5 p.m.**

**from 9 a.m. to 5 p.m.** ➡ at
from~ to~로, '~에서 ~까지'를 의미한다.

**to eternity** ➡ forever
'영원'이라는 '끝없는 시간'으로 향하는 느낌. '영원히'라고 해석된다.

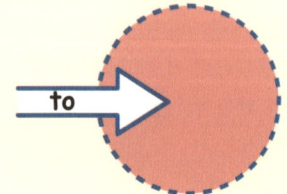

### 장소

**Ed is going to Kyoto.**

**to Kyoto** ➡ in / on / at / by / of
교토 전체를 목표로 하는 경우에는 to. 교토의 한 점을 목표로 하는 경우에는 at으로 목표 범위가 좁아진다.

### to the house ➡ in / on

막연히 집을 목표로 삼고 있다. 예를 들어 역에서 집으로 향하고 있는 상태를 막연히 알리는 경우에 사용한다.

### to the left

'왼쪽 방향으로'라고 해석된다. 왼쪽의 한 점에 대해서가 아니라 전체적으로 왼쪽 방향으로 향하고 있다는 의미이다.

기타

## To my surprise, the cat jumped out.

### to my surprise

예문에서는 my surprise(나의 놀라움)를 목표로 고양이가 뛰쳐나왔다는 의미이다.

### to play

to+화살표(동작)로 '~하는 일'이라는 의미를 지닌 배우이다. 영어 문장에서 자주 등장하는 형태이므로 기억해두면 편리하다.

### look up to

접착제는 보통 배우의 바로 앞에 붙지만 화살표의 일부로 쓰일 때는 예외적으로 화살표의 뒤에 붙기도 한다. 어느 쪽에 붙어도 읽는 데 별 지장은 없다. 이 책에서는 혼란을 피하기 위해 접착제는 모두 화살표와 분리해서 생각하고 있다. look up to~는 '~을 올려다보다'라는 의미를 지닌다.

'의존'의 접착제. 어떠한 흔들림 없는 대상에 의존하고 있거나 혹은 기대고 있는 대상에 의지하고 있는 상태를 말한다. 위 그림에서는 노란색 막대에 분홍색 막대가 기대고 있다. 비교적 고정된 '상태'를 설명하는 데 많이 쓰인다.

### 시간

**The papers are due by next week.**

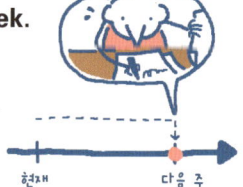

#### by the next century
'다음 세기까지 뭔가를 해내다'라는 '마감'의 개념을 나타낸다. 마감까지 남겨진 '시간'에 의존하고 있다.

#### by next week
예문에서는 '다음 주'가 서류 마감이 된다. 에드는 이번 주라는 남겨진 '시간'에 의존하고 있다.

#### by the hour
'한 시간마다'라는 의미다. 예컨대 paid by the hour라고 하면, '시간당 수당'을 가리키는데, 시간당 수당이 '한 시간'이라는 단위에 의존하므로 by를 쓴다.

### The cat's house is by the shop.

**by Kyoto** → in / on / at / to / of
지리상으로 교토에 기대듯이 근접해 있는 지역이나 대상을 가리킨다. 비교 대상이 되는 교토는 커다란 도시이기 때문에 기대는 대상도 교토에 상응하는 대규모여야 한다.

**by the way**
직역하면 '길 옆'이지만, 관용적으로 '그런데'라는 의미로 쓰인다.

**by the shop** → of
'교토'보다 규모는 작지만, 이 경우도 지리상 가게에 근접해 있다는 의미다.

### Ed and the cat go to town by bus.

**by bus**
on the bus가 실제로 타고 있는 점을 중시하는 데 반해 by bus는 '버스'에 의존하고 있는 상태, 즉 그 버스를 평상시 이용하고 있다는 상태를 강조한다. 지금 타고 있지 않아도 '평소 버스를 이용하고 있다'고 할 때는 by를 쓴다. 반면 버스에 타고 있을 때 휴대전화로 현재 위치를 설명할 때는 on을 쓴다.

**by hand / with my hands**
양쪽 모두 '~에 의지해서'라는 의미의 접착제이지만 by는 좀 더 정신적인 접촉 방식이고, with는 좀 더 물리적인 접촉 방식이다. by hand라고 하면 '내 힘으로'라는 개념이지만, with my hands라고 하면 실제로 손을 사용해 뭔가를 하는 것을 의미한다.

**by accident**
문자 그대로 해석하면 '사고로 인해'지만 관용적으로 '우연히'라는 의미로 쓰인다. 보통 사고는 우발적으로 일어나므로 사고의 우연성에 '의존'한 표현이다.

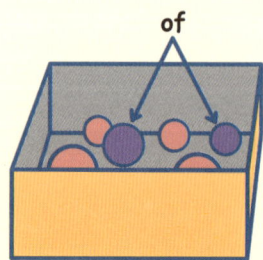

'소속'의 접착제. 위 그림에서 상자 속의 구슬은 모두 in하고 있는 상태다. 그 in 중에서 몇 개를 골라서 또 하나의 묶음으로 구별하면 of가 된다. 위 그림에서는 보라색 구슬이 한 묶음이 된다. 어느 일정 범위의 그룹에 '소속'되어 있음을 나타내는 접착제.

### 시간

**Ed's bakery is open five days of the week.**

**of the week ➡ for**
일주일에 in하고 있는 요일은 전부 일곱개. 이 경우에는 그중 다섯 개를 골라 of로 묶었다.

**of August ➡ in**

예컨대 end of August라면 '8월 말'이다. 이렇게 8월도 세분화하면 여러 단위로 나뉠 수 있다.

**장소**

**The cat likes to sleep in the corner of the shop.**

`of Kyoto` ➡ in / on / at / to / by
테두리는 교토. 교토의 한 지역을 가리킬 때 쓰인다. 예: center of Kyoto(교토의 중심지)

`of the shop` ➡ by
예문에서 고양이는 방구석을 좋아하는 것 같다. '방구석'은 방이라는 공간에 '소속된' 한 부분을 말한다.

`of the train` ➡ in / on / at
train이 테두리가 된다. at the train은 열차를 통째로 가리키는 의미인 데 반해 of the train은 객실, 식당, 바 등의 다양한 공간을 갖춘 열차라는 의미로 공간에 중점을 둔 표현이다.

 **기타**

**Ed is poor because of the cat.**

`of the cat` ➡ at
'because of ~'는 '~때문에'라는 의미다. 예문에서는 여러 요인 중에서 '고양이'를 탓하는 경우다.

`cup of coffee`
많은 양 중에서 일정 단위로 잘라낸 상태를 '~ of ~'로 표현한다. cup of coffee는 '커피 한 잔'이다.

`of grapes / from grapes`
양쪽 모두 '원료가 포도'라는 의미지만, of는 '포도 성분으로 구성되어 있다'는 느낌이 강하다. 이에 비해 from은 '포도를 따서 만들었다'는 느낌이 강하다. 즉 of는 '내용물'을, from은 '원재료'를 말한다.

'양도'의 접착제. 마지못해 '건넨다'가 아니라 기꺼이 '드린다'는 선의의 마음이 작용하는 접착제이다. **for**를 보거든 누군가(무언가)가 누군가(무언가)에게 선물을 주는 상황을 상상하면 이해하기 쉽다. '마음이 담긴' 단어라고 할까.

### 시간

**The cat was lost for a week.**

**for a week** ➡ **of**

예문에서는 고양이가 자신의 일주일을 '길을 헤매는 데' 바쳤다는 의미다.

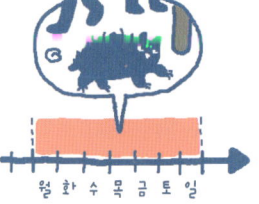

**forever** ➡ **to eternity**

너무 자주 쓰여서 두 단어가 붙어버렸지만 원래는 for ever라고 띄어 쓴다. for가 쓰였으므로 문자 그대로 해석하면 '영원히 바친다'가 되지만 관용적으로 '영원히'라는 의미로 쓰인다. to eternity는 to가 쓰여서 영원을 향해 적극적으로 행동한다는 의미인 데 반해 forever는 지금까지 변함없는 것처럼 앞으로도 변하지 않으리라는 의미이다. forever가 좀 더 보편으로 자주 이용된다.

장소

**Ed left the city for Everville.**

`for Everville`
예문은 'Ed는 Everville에 살기 위해 도시를 떠났다'는 의미다. Everville을 위해 '도시생활'을 바쳤기 때문에 for가 사용되었다. to와 달리 for는 주인공에게 긍정적인 의사가 있기 때문에 에드는 즐거운 마음으로 기꺼이 도시를 떠났다는 뉘앙스가 담겨 있다.

 기타

**Ed is baking a pie for Ms. Anderson.**

`for Ms. Anderson`
가장 표준적인 for의 사용법. 누군가에게 선물을 줄 때 쓴다.

`for love`
for love는 '사랑을 위해'라는 의미다. 예컨대 I did it for love. 라고 하면 '사랑을 위해 했다'는 의미가 된다. 실제로는 사랑하는 상대방에게 바친다는 의미다.

`for the test`
'테스트를 위해'라는 의미다. 테스트를 위해 공부한다는 말은, 일정 시간과 노력을 '테스트'에게 바쳤다는 의미다.

`for nothing`
for를 썼으므로 상대에게 무언가를 바치는 상황인데 바칠 상대가 nothing으로 존재하지 않기 때문에 아무것도 바치지 않아도 된다는 의미다. 다시 말해 '무료'라는 뜻이다.

**맺음말**

# 이 책을 다 읽고 난 다음에는 무엇을 하면 좋을까

 지금까지 이 책을 읽어주신 여러분께 진심으로 감사드립니다. 처음으로 쓴 영어책이라 여러분의 기대에 미치지 못하는 점도 많이 있었겠지요. 하지만 마지막까지 최선을 다해 이해하기 쉽게 쓰려고 노력했습니다.

 어느 정도 영어 실력을 갖추고 있는 분들은 느끼셨겠지만 기존의 문법 규칙을 과감히 생략하거나 극단적인 표현을 사용한 부분도 몇 군데 발견했으리라고 생각합니다. 그 이유는 처음으로 혹은 오랜만에 영어를 접하는 분들이 혼란을 겪지 않도록 영어의 근간이 되는 부분만을 설명하여 영어가 '어렵다'는 인상을 조금이라도 덜어주고 싶었기 때문입니다.

 이 때문에 영어에 능숙한 분들에게는 부족한 면이 있거나 불만스러운 점이 있을지도 모릅니다. 하지만 이 책은 '이번만큼은 꼭! 영어를 잘해보자'고 결심한 분들에게 초점을 맞춘 책이에요. '최초로 영어 원서 한 권을 읽기 시작할 때'까지 '준비 운동' 삼아 읽는 책이니 다소 아쉬운 점이 있더라도 널리 이해해주세요.

 마지막으로 이 책을 통해 영어에 흥미를 느낀 여러분께 한 가지

당부를 덧붙이면서 작별 인사를 대신할까 합니다.

언어는 날마다 변화하고 있습니다. 언어를 배울 때 영원불변한 규칙 같은 건 없어요. 대체로 따르는 '경향'이 있을 뿐이지요. 그러니 영어 문장을 읽을 때 '이렇게 해야만 한다'거나 '이렇게 해석해야 한다'고 미리 단정 짓지 말고, 즐거운 마음으로 영어 읽는 묘미를 만끽하길 바랍니다. '이런 느낌인가?', '이렇게 표현하다니 참 재미있군', 이런 식으로 마음껏 상상력을 발휘하면서 언어 저편에 있는 마음을 느껴보세요.

마음은 눈에 보이지 않습니다. 남에게 보여줄 수도 없지요. 그래서 인간은 마음을 표현하기 위해 말을 만들었지요.

말은 수학과 달리 정답이 없습니다. 오답도 없지요. 마음이 상대방에게 전달되면 그것이 곧 말이 됩니다. 이 책에 나온 많은 규칙들은 그저 조금이라도 영어를 재미있게 배울 수 있도록 도움을 주려는 의도로 만들었을 뿐입니다.

부디 이 책이 '영어'로 마음을 주고받는 데 도움이 되기를 바랍니다.

무코야마 아츠코

아직 이 책의 내용을 잘 이해하지 못했다면,
한 번만 더 천천히 읽어보세요.
**다시 읽어보실 분은 1장(12쪽)으로 가주세요!**

이 책의 내용을 잘 이해했지만
아직 원서 읽기에 자신이 없다면
**〈Big Fat Cat 시리즈〉를 읽어보세요.**

원서를 충분히 읽을 수 있다고 생각하시는 분들은
**영어 원서를 고르러 서점으로!**

**Good luck and happy reading!**

## 추천 영어 원서

이 책을 모두 읽었지만 구체적으로 어떤 영어책을 읽어야 할지 모르겠다는 분들에게 추천하고 싶은 책들이 있다.

우선 영어만으로 쓰여진 책이 부담스러운 분들은 〈Big Fat Cat 시리즈〉를 읽어보기 바란다. 쉬운 문장으로 쓴 영어 소설로, 이 책에 나온 A 상자, B 상자, 화살표를 확실히 이해했다면 술술 읽을 수 있다. 단, 뒤로 갈수록 문장의 난이도가 높아지므로 끝까지 읽으면 어느새 영어 실력이 부쩍 높아진 자신을 만날 것이다.

다음에 소개한 영어책들의 선정 기준은 단순히 읽기 쉽다는 점뿐 아니라 '정말 재미있는 책'인지를 고려했다. 명작이라든가 내용이 교훈적이라든가 하는 점보다는 완전히 몰두해서 흥미진진하게 읽을 수 있는 책만을 골랐다.

소개한 책 대부분이 영미의 십대 독자들을 위한 책이지만, 어른용 소설과 비교해도 조금도 손색이 없다. 차이가 있다면 문장의 수준이 비교적 간단하다는 점뿐이다.

대체로 영미권 소설은 어린이용이나 청소년용이라고 해도 어른들도 함께 읽고 즐길 만큼 높은 수준을 갖췄다. 결코 유치한 작품은 없다. 세계적으로 유명한 판타지 작품인 〈반지의 제왕〉이나 〈나니아 연대기〉가 원래는 십대를 위한 소설이었다는 점을 생각하면 수준이 얼마나 높은지 짐작할 수 있을 것이다.

### ★ Sesame Street Books

빅버드와 글로버 등 친숙한 세서미 스트리트의 캐릭터들이 대활약하는 그림책이다. 그림책의 등장인물이 독자를 향해 말을 거는 구성이나 독자가 직접 참여하는 형식으로 전개되는 독특한 방식은 어떤 작품보다 우수하다. 때때로 구어체나 독특한 표현이 나오지만 딱히 어려운 점은 없다. 특히 TV를 통해 각 캐릭터의 말버릇에 익숙해진 사람이라면 무리 없이 읽을 수 있다.

### ★ Dr. Seuss Books

닥터 수스 시리즈는 우리나라에서는 아직 유명하지 않지만, 미국에서는 오래전부터 널리 알려져 많은 팬들을 가지고 있는 작품이다. 현실과는 다른 상상의 세계에서 벌어지는 이야기를 그린 그림책으로 책장마다 펼쳐지는 독특한 그림이 유쾌하다.

### ★ Creepy Susie and 13 Other Tragic Tales for Troubled Children

*by Angus Oblong*

크리피 수지는 아동문학 중에서도 영유아를 대상으로 한 작품인 만큼 귀여운 그림과 함께 간단한 문장으로 담담하게 전개되지만, 상상을 뒤엎는 반전이 이어지는 데다 기이해서 어린이가 읽기에는 다소 무리가 있다. 블랙유머를 좋아하거나 자극적인 책을 읽고 싶다면 권할 만하지만, 이런 류의 책을 즐기지 않는다면 너무 자극적일지도 모르겠다. 간혹 본 적도 없는 복잡한 단어가 나오기도 하나, 대부분 영어권 사람들도 모르는 단어를 일부러 사용한 경우이므로 굳이 걱정하지 않아도 된다. 앞에서도 말했듯이 문장은 매우 간단하다.

### ★ Encyclopedia Brown Series

by Donald J. Sobol

이른바 '독자가 해결하는 미스터리'의 창시격인 이 시리즈는 미국 어린이라면 누구나 한 번쯤 빠져본 적이 있을 만큼 유명한 작품이다. '백과사전'이라는 별명이 붙을 정도로 지식이 풍부한 초등학생 리로이 브라운이 조수인 샐리와 함께 아이다빌 마을에서 발생한 미심쩍은 사건을 풀어나간다. 문장 수준과 사건 추리 과정이 모두 간단하다.

### ★ How to Eat Fried Worms

by Thomas Rockwell

초등학교 남자아이가 홧김에 내기를 하는 바람에 일주일간 계속해서 지렁이를 먹어야 하는 처지에 놓이는 코미디적인 요소가 강한 책으로 엉뚱한 재미를 선사한다. 미국 특유의 정서가 잘 반영된 책으로 미국 초등학생들의 일상을 섬세하게 그렸다.

### ★ Roald Dahl's books

로알드 달은 영미권에서는 손꼽히는 아동문학 작가이다. 전반적인 작품 분위기는 따뜻하지만 반면에 차가운 현실도 잘 그리고 있어 어른이 읽어도 감동받을 만한 이야기가 많다. 대표작 〈Charlie and the Chocolate Factory〉를 비롯해서 다수의 명작이 있다. 그 밖에 어른을 위한 작품도 읽어보길 바란다.

### ★ The Three Investigators Series

by Robert Arthur and others

아동문학뿐 아니라 어른을 대상으로 한 미스터리 작품을 많이 남긴 작가 로버트 아서가 주축이 되어 쓴 작품으로, 영화감독 알프레드 히치콕이 매번 추천 글을 자청했던 전설의 시리즈다. 40여 편에 이르는 작품이 모두 재미있지만 특히 아서 자신이 펜을 잡았던 최초의 11편이 단연 우수하다 (유감스럽게도 아서는 11번째 작품을 끝으로 세상을 떠났다).
미스터리 팬에게는 꼭 권하고 싶다. 어린이용이라고 얕봤다가는 큰코다칠지도 모른다.

### ★ The Great Brain Series

by John D. Fitzgerald

1900년대 초반 미국을 무대로 한 작품이다. 자신의 두뇌를 Great Brain이라고 할 만큼 자신만만하고 돈에 밝은 초등학생 톰이 끊임없이 궁리해내는 장사 아이디어가 절묘하고 재미있는 시리즈이다. 전화조차 많이 보급되지 않았던 시대를 배경으로 당시 아이들의 문화를 생생하게 그린 매우 유쾌한 작품이다.

### ★ Harry Potter Series

by J. K. Rowling

이 작품은 설명이 필요 없을 만큼 전 세계적으로 대히트를 기록한 유명한 시리즈이다. 아동문학의 전통적인 양식에 현대적인 맛을 가미해 전 세계의 어른들과 아이들을 푹 빠지게 한 작품이다. 우리말로 번역되어 있으니 원작과 비교하면서 읽어보면 좋을 듯하다.

### ★ Animorphs Series

by K. A. Applegate

영미권 초등학생들의 열광적인 지지를 얻은 아동문학의 대히트 작품이다. 동물로 변신하는 힘을 얻게 된 아이들과 우주인의 장대한 전투를 그린 SF다. 특히 54번째 시리즈는 감동의 절정을 맛볼 수 있는 내용을 담고 있다. 굳이 주 독자층을 따진다면 남자아이들이 좋아할 만한 책이다.

### ★ Where the Red Fern Grows

by William Rawls

영미권 초등학교 등에서 추천도서로 자주 선정되는 명작이다. 두 마리의 사냥개를 얻은 소년이 대자연을 배경으로 성장해가는 모습을 담은 이야기이다. 작품의 절정 부분인 사냥대회 장면에서는 마치 영화를 보는 듯한 긴박감이 느껴진다.

### ★ The Chronicles of Narnia

by C. S Lewis

영미권에서 이미 몇십 년이나 최고의 위치를 차지하고 있는 명작 중의 명작이다. 결코 어렵지 않으니 영어에 친숙해졌다면 반드시 도전해보길 바란다.

## ★ comics by Neil Gaiman

영상 세대들은 글자만 있는 책을 따분하게 느끼기 십상이다. 그렇다면 미국의 코믹스를 읽어보자. 미국 코믹스라고 하면 슈퍼 히어로가 활약하는 이미지가 강하지만, 최근에는 문학작품 못지않은 작품성을 갖춘 우수한 코믹스가 계속 출간되고 있다. 그 선두에 선 작가가 닐 게이먼으로 그의 대표작인 다크 판타지 시리즈 〈샌드맨Sandman〉은 셰익스피어적이라고도 할 만큼 영국문학 특유의 기품을 갖춘 차원 높은 전개를 보여주는 작품이다. 내용은 상당히 어렵지만, 영어 문장 자체는 간단하고 완성도가 높아 고급자가 도전하기에는 안성맞춤인 책이다.

## ★ Concrete (Series)

by Paul Chadwick

이 작품도 코믹스 시리즈다. 우주인에게 납치되어 콘크리트로 형성된 몸에 갇혀버린 가여운 문학 청년이, 강하기는 하지만 매우 부자유스러운 몸으로 살아가야 하는 처지에 놓인다. 인간과 사이보그의 경계에 선 주인공을 통해 인생의 의미와 기쁨, 슬픔을 생각하게 하는 신비로운 이야기다. 이 코믹스에서만 맛볼 수 있는 재미에 빠져보기 바란다.

> **참고** **이 책에서는** 조금이라도 영어를 이해하기 쉽고 신선하게 느낄 수 있도록, 기존의 문법 용어를 과감히 버리고 새로운 표현을 많이 썼습니다. 〈Big Fat Cat의 세계에서 제일 간단한 영어책〉을 졸업하고 다른 책으로 영어를 공부할 때는 이 책에서 사용한 쉬운 용어들이 일반 문법 용어로 어느 것에 해당하는지 몰라 헤맬지도 모릅니다. 그래서 일단 이 책에 등장하는 모든 용어들과 가장 가까운 기존의 문법 용어들을 아래에 실었습니다. 참고삼아 읽어보세요. 단, 완전히 호환성이 있는 것은 아닙니다. 기존의 문법에는 지칭하는 표현이 없는데도 명칭을 붙인 경우도 있으니 주의 바랍니다.

| | | |
|---|---|---|
| 배우 | = | 명사 |
| 화살표 | = | (술어)동사 |
| 부록 | = | 부사 |
| 화장품 | = | 형용사 |
| 특별한 화장품 | = | 관사 |
| 접착제 | = | 전치사 |
| 기본형 | = | 제3문형 SVO(주어+동사+목적어) |

또한 A 상자와 B 상자는 넓은 의미로 주어와 목적어에 해당하지만, 이 책에서는 보어도 B 상자에 포함하여 다루었기 때문에 엄밀하게 따지면 B 상자가 반드시 목적어라고 볼 수는 없습니다.

그 밖에 기존의 문법 규칙과는 다르지만 형용사가 보어가 될 때는 형용사를 수식하는 부사를 보어의 일부로 취급하거나 조동사는 동사의 일부로 처리했어요. 또한 흔히 숙어라 불리는 동사+전치사의 조합은 원래 세트로 취급하는 것이 표준으로 되어 있으나, 이 책에서는 따로 분리해서 취급하고 있습니다. 이러한 장치들도 초보자들이 영어를 좀 더 쉽게 받아들일 수 있도록 고안한 방법이라는 점을 이해해주시기 바랍니다.

---

\* 이 책은 영문학 교수 무코야마 아츠코의 원안과 원문을 토대로, 무코야마 다카히코와 Studio ET CETERA에서 재구성하여 읽기 쉽게 만든 것입니다.

지은이
## ★ 무코야마 아츠코
1936년 일본 나라 현에서 태어났다. 게이오 기쥬쿠 대학을 졸업한 후 미국 베일러 대학 대학원에서 영문학을 전공했다. 현재 바이코 학원 대학 영문학부 교수로 활동 중이며 많은 학생들에게 영어 공부의 즐거움을 일깨워주고 있다. 깊이와 재미가 농축된 강의로 유명하다.

## ★ 무코야마 다카히코
1970년 미국 텍사스 주에서 태어났다. Studio ET CETERA를 창립하여 다양한 저작활동을 하고 있다. 데뷔작 〈동화 이야기〉는 하이 판타지의 걸작으로 언론의 극찬을 받으며 작가로서의 명성을 높여주었다. 다카시마 데츠오와 함께 쓴 〈빅팻캣 시리즈〉로 영어 학습의 새로운 기준을 제시했다는 평가와 함께 베스트셀러 작가의 반열에 올랐다.

그린이
## ★ 다카시마 데츠오
1967년 일본 아이치 현에서 태어났다. 현대적인 감각과 따뜻한 감성이 살아있는 그림으로 젊은이들 사이에서 큰 인기를 모으고 있으며, 1999년 이탈리아 볼로냐 국제그림책 원화전에서 입상했다. 2005년 3월 〈ART TOKYO〉라는 제목으로 도쿄에서 개인전을 열었고, 〈빅팻캣 시리즈〉의 일러스트를 쭉 그려오고 있다.

옮긴이
## ★ 김은하
유년 시절을 일본에서 보낸 추억을 잊지 못해 한양대학교에서 일어일문학을 전공했다. 어려서부터 한일 양국의 언어를 익힌 덕분에 번역이 천직이 되었다. 번역하는 틈틈이 바른번역 글밥 아카데미에서 출판 번역 강의를 겸하고 있다. 주요 역서로 〈클래식, 나의 뇌를 깨우다〉, 〈지구 온난화 충격 리포트〉, 〈빅팻캣의 영어 수업: 영어는 안 외우는 것이다〉등 다수가 있다.

# STAFF

**원안·원문**
무코야마 아츠코

**연출·이야기 제작**
무코야마 다카히코

**그림·캐릭터·디자인**
다카시마 데츠오

**우리말 번역**
김은하

**문장 감수**
요시미 도모코

**편집**
월북 편집부

**디자인 협력**
김주연

**기획 협력**
스튜디오 엣세트러

**발행**
월북

## 이 책만은 꼭!

〈빅팻캣 시리즈〉는 〈빅팻캣의 세계에서 제일 간단한 영어책〉의 방법론에 근거하여, 영어 읽기의 즐거움을 널리 알리고자 기획한 이야기 시리즈입니다. 영어에 오랫동안 등 돌렸던 분들, 해도 해도 영어가 안 된다는 분들이 공부한다는 부담 없이 소설을 읽으면서 영어의 기초를 익힐 수 있도록 연구한 책입니다. 하지만 이 책은 결코 영어 학습서가 아닙니다. 친절한 설명이 붙은 이야기일 뿐입니다. 이 책에는 낙제도 재수강도 없습니다. 암기도 정답 맞히기도 없습니다. 즐거운 영어의 세계로 여러분을 초대합니다.

★ 1권부터 7권까지 하나로 이어지는 이야기입니다
★ 100% 영어로 쓰인 영어 소설입니다
★ 뒤로 갈수록 문장의 난이도가 높아지는 계단식 구성을 취하고 있습니다
★ 직독직해가 가능하도록 어려운 단어에는 뜻을 달아놓았습니다
★ 영어를 영어로 이해하며 재미를 느낄 수 있도록 번역문은 싣지 않았습니다

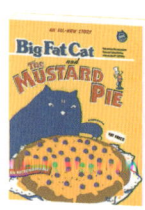

### Big Fat Cat and the Mustard Pie
**빅팻캣과 머스터드 파이**
파이 숍의 주인 에드, 그의 파이를 몰래 먹어치우는 고양이 빅팻캣. 머스터드 파이 같은 달콤쌉싸름한 이야기가 시작된다.

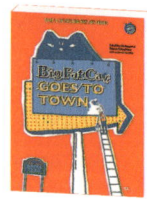

### Big Fat Cat Goes to Town
**빅팻캣, 도시로 가다**
하루아침에 모든 것을 잃은 에드, 무모하게도 도심 속 대형쇼핑센터에 가게를 내기로 마음먹는데…

### Big Fat Cat and the Ghost Avenue
**빅팻캣과 고스트 애비뉴**
꿈도 사라지고 고양이와도 이별하고, 폐허 같은 고스트 애비뉴에 다다른 에드를 기다리고 있는 것은?

**④**

### Big Fat Cat and the Magic Pie Shop
**빅팻캣과 매직 파이 숍**

사람의 발길이 끊긴 거리에 차려진 매직 파이 숍!
손바닥만 한 가게를 둘러싸고 예상치 못한 소동이 벌어지는데...

**⑤**

### Big Fat Cat VS. Mr. Jones
**빅팻캣과 미스터 존스**

인생의 스승 윌리의 생명을 구하기 위해 에드는 베이커로서의
자존심을 걸고 최고의 파이베이커 콘테스트에 도전한다.

**⑥**

### Big Fat Cat and the Fortune Cookie
**빅팻캣과 포춘 쿠키**

절정을 향해 치닫는 파이 콘테스트. 남은 시간 7분. 에드가
만든 파이는 실패작! 위기에 빠진 에드의 운명은?!

**⑦**

### Big Fat Cat and the Snow of the Century
**빅팻캣과 100년 만의 폭설**

눈이 온 세상을 삼켜버린 밤, 고양이가 사라졌다. 에드는
자신이 가진 모든 것을 걸고 고양이를 찾아 나서는데...

**종합편**

### 빅팻캣의 영어 수업: 영어는 안외우는 것이다
**외우지 않고 이미지로 기억하는 초간단 영문법**

이론과 실전을 결합한 빅팻캣 시리즈 종합편으로
좀 더 친절하게 영어의 개념과 원리, 구조를 알려주는 책

## 빅팻캣의 세계에서 제일 간단한 영어책

**펴낸날** 초판 1쇄 2008년 11월 10일
　　　　신판 2쇄 2024년 7월 17일

**지은이** 무코야마 아츠코, 무코야마 다카히코, Studio ET CETERA
**그린이** 다카시마 데츠오
**옮긴이** 김은하

**펴낸이** 이주애, 홍영완
**펴낸곳** (주)윌북　**출판등록** 제2006-000017호
**주소** 10881 경기도 파주시 광인사길 217
**홈페이지** willbookspub.com　**전화** 031-955-3777　**팩스** 031-955-3778
**블로그** blog.naver.com/willbooks　**포스트** post.naver.com/willbooks
**트위터** @onwillbooks　**인스타그램** @willbooks_pub

ISBN 979-11-5581-157-3　13740

* 책값은 뒤표지에 있습니다.
* 잘못 만들어진 책은 구입하신 서점에서 바꿔드립니다.

잘라서 책갈피로 사용해주세요.

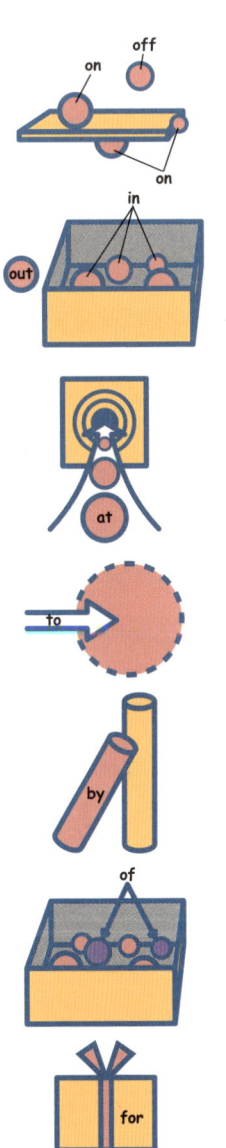

부록

이번만은 잘될 거야